《新时代高校思想政治工作指导手册》
编委会名单

新时代
高校思想政治工作
指导手册

边慧敏　李向前◎主编

人民东方出版传媒
東方出版社

图书在版编目（CIP）数据

新时代高校思想政治工作指导手册 / 边慧敏，李向前主编．-- 北京：东方出版社，2020.1
ISBN 978-7-5207-1341-2

Ⅰ．①新… Ⅱ．①边… ②李… Ⅲ．①高等学校－政治工作－中国－手册 Ⅳ．①G641-62

中国版本图书馆 CIP 数据核字（2019）第 288174 号

新时代高校思想政治工作指导手册
（XINSHIDAI GAOXIAO SIXIANGZHENGZHI GONGZUO ZHIDAO SHOUCE）

主　　编：边慧敏　李向前
责任编辑：辛岐波
出　　版：东方出版社
发　　行：人民东方出版传媒有限公司
地　　址：北京市朝阳区西坝河北里 51 号
邮　　编：100028
印　　刷：天津中印联印务有限公司
版　　次：2020 年 1 月第 1 版
印　　次：2020 年 1 月北京第 1 次印刷
开　　本：787 毫米 ×1092 毫米　1/16
印　　张：15.5
字　　数：200 千字
书　　号：ISBN 978-7-5207-1341-2
定　　价：46.00 元
发行电话：（010）85924663　85924644　85924641

前　言

历史充分证明，教育兴则人才兴，教育强则国家强。自中华人民共和国成立以来，我国的教育事业取得了辉煌的成就。作为教育事业重要组成部分的高等教育发展尤为迅猛。据《2018 年全国教育事业发展基本情况年度发布》显示，我国高等教育规模继续呈现稳步发展态势，高等教育结构进一步优化。2018 年，全国共有普通高校 2663 所（含独立学院 265 所），比上年增加 32 所。各种形式的高等教育在学总规模 3833 万人。目前我国处于实现中华民族伟大复兴的中国梦关键阶段，正在从人口大国迈向人才强国，我们对高等教育的需要比以往任何时候都更加迫切，对科学知识和卓越人才的渴求比以往任何时候都更加强烈。

高等教育肩负着研究和传播文化知识、造就学习型人才和引领社会风气的重任，其发展水平是一个国家发展水平和发展潜力的重要标志。我们必须加快建设世界一流大学和一流学科，提高我国高等教育发展水平，增强国家核心竞争力。

高校思想政治工作，既是中国高校的特色，又是办好高校的优势，直接关系到高校培养什么样的人、如何培养人以及为谁培养人这个根本问题。2016 年 12 月 7 日至 8 日，党中央专门召开全国高校思想政治工作会议，研究部署高校思想政治工作。这次会议是高校改革发展、党的建设和思想政治工作中具有里程碑意义的一件大事，充分体现了以习近平同志为核心的党中央对高校思想政治工作的高度重视，为做好高校思想政治工作指明了前进方向。习近平总书记在这次会议上发表的重要讲话，从全局和战略高度深刻回答了事关我国高等教育事业发展的一系列重大问题，深刻阐明了加强和改进高校思想政治工作的重大意义、目标定位、主要任务和基本要求，是指导新形势下高校思想政治工作的纲领性文件，对于办好中国特色社会主义大学、推进党和国家事业发展，具有重大而深远的意义。2017 年 2 月，中共中央、国务院印发《关于加强和改进新形势下高校思想政治工作的意见》(以下简称《意见》)，对高校思想政治工作的重要意义和总体要求、强化思想理论教育和价值引领、发挥哲学社会科学育人功能、加强对课堂教学和各类思想文化阵地的建设管理、加强教师队伍和专门力量建设、推进高校思想政治工作改革创新、加强和改善党对高校的领导等，进行了系统阐述。2017 年 12 月，教育部党组印发了《高校思想政治工作质量提升工程实施纲要》(以下简称《实施纲要》)，旨在进一步把贯彻落实全国高校思想政治工作会议和《意见》精神引向深入，大力提升高校思想政治工作质量。2019 年 8 月，中共中央办公厅、国务院办公厅印发了《关于深化新时代学校思想政治理论课改革创新的若干意见》，旨在深入贯彻落实习近平新时代中国特色社会主义思想和党的十九大精神，贯彻落实习近平总书记关于教育的重要论述，特别是在学校思想政治理论课教师座谈会上的重要讲话精神，全面贯彻党的教育方针，解决好培养什么人、怎样培养人、为谁培养人这个根本问题，坚持不懈用习近平新时代中国特色社会主义思想铸魂育人。

为贯彻落实高校思想政治工作重要文件精神，深刻理解加强和改进高校思想政治工作的特殊重要性和现实紧迫性，把思想和行动统一到中央决策部署上来，把力量和智慧凝聚到落实会议提出的各项任务上来，坚持正确方向、坚持立德树人、坚持服务大局、坚持改革创新，办好中国特色社会主义高校，为全面建成小康社会、实现中华民族伟大复兴的中国梦提供坚实的人才支撑，我们组织长期从事高校思想政治理论工作的专家、学者等编写了本书，针对全国高校思想政治工作会议重要内容，高校思想政治工作中的难点、焦点、热点问题以及高校思想政治工作具体实践进行了阐述，突出科学性、知识性、实用性，以供各高校在实际工作中参考使用。

由于作者水平有限，不当之处，敬请读者朋友批评指正！

目录
CONTENTS

第一章

新时代高校思想政治工作概述

高等教育发展水平是一个国家发展水平和发展潜力的重要标志。在实现中华民族伟大复兴的进程中，我们对高等教育的需要比以往任何时候都更加迫切。高校思想政治工作关系高校培养什么样的人、如何培养人以及为谁培养人这个根本问题。要把思想政治工作作为一项系统工程来抓，不断提高做好思想政治工作的本领，以务实创新精神努力开创新时代高校思想政治工作新局面。

一、高校思想政治工作的重大意义

习近平总书记在全国高校思想政治工作会议上强调，高校思想政治工作关系高校培养什么样的人、如何培养人以及为谁培养人这个根本问题。要坚持把立德树人作为中心环节，把思想政治工作贯穿教育教学全过程，实现全程育人、全方位育人，努力开创我国高等教育事业新局面。这一论述，是站在全局的战略高度，指明了新形势下高校思想政治工作的重大意义。高校肩负着人才培养、科学研究、社会服务、文化传承创新、国际交流合作的重要使命。加强和改进高校思想政治工作，事关办什么样的大学、怎样办大学的根本问题，事关党对高校的领导，事关中国特色社会主义事业后继有人，是一项重大的政治任务和战略工程。高校思想政治工作的重大意义，具体说来，有以下四个方面。

一是有利于牢牢把握高等教育的发展方向。我国高等教育的发展方向是“为人民服务，为中国共产党治国理政服务，为巩固和发展中国特色社会主义制度服务，为改革开放和社会主义现代化建设服务”。我国高等教育的发展方向，就是服务于我们党确立的我国发展的现实目标和未来方向。高校思想政治工作，就是要解决学生的思想政治问题，使他们懂得政治、祖国前途和人类理想，做全心全意为人民服务的人，成为社会主义事业的建设者和接班人。我国高校是党领导下的高校，是中国特色社会主义高校。高校思想政治工作，就是坚持党的领导的政治实践，就是把党的理想信仰、理论和政策的道理，灌输到学生的头脑中，内化为学生的思想原则，外化为学生的实际行动，从而保证高校始终成为培养社会主义事业建设者和接班人的坚强阵地。

二是有利于加强党的建设。高校是育人的地方，也是党的建设的基础。高校党委、院系党组织、基层党支部是加强党的建设的基础，必须把从严治党的体系建立健全起来，更重要的是，高校培养的学生思想政治如何，对加强党的建设至关重要。大学生是最新鲜、最有活力的群体，是新增党员的最重要来源。高校思想政治工作，能加强大学生价值观和理想信念教育，提高大学生对党的认同感、归属感，培养和发现爱党、言党、为党的积极分子，为党输送健康的新鲜血液。这是加强党的建设的基础工程和重要任务。

三是有利于加强意识形态工作。当前，改革不断推进，开放不断扩大，互联网传播影响迅速，各种各样的社会思潮不断涌现，尤其是西方社会思潮不断渗入，我国意识形态领域面临着严重挑战。高校是意识形态激烈斗争的地方，对于高校这块阵地，马克思主义不去占领，非马克思主义就必然会占领。高校思想政治工作，能推动学习研究马克思主义，培育大学生社会主义核心价值观，增强广大学生的道路自信、理论自信、制度自信、文化自信，培育大学生理性平和的健康心态和良好的作风、学风，全面提高学生的思想政治素质，引导学生掌握和运用马克思主义立场观点方法，正确认识世界和中国发展趋势、中国特色和国际比较、时代责任和历史使命、远大抱负和脚踏实地，使高校成为社会主义意识形态的坚固阵地。

四是有利于推进党和国家事业的发展。教育强则国家强，高等教育发展水平是一个国家发展水平和发展潜力的重要标志。实现中华民族伟大复兴，需要科学知识和卓越人才，教育的地位和作用不可忽视。党中央为了提高我国高等教育发展水平，增强国家核心竞争力，作出了加快建设世界一流大学和一流学科的战略决策。办好我国高校，办出世界一流大学，“必须牢牢抓住全面提高人才培养能力这个核心点，并以此来带动高校其他工作”。“思想政治工作从根本上说是做人的工作，必须围绕学生、关照学生、服务学生，不断提高学生思想水平、政治觉悟、道德品质、文化素养，让学生成为德才兼备、全面发展的人才”。高校思想政治工作，“因事而化、因时而进、因势而新”，不断创新方式、手段、方法、机制，把抽象的道理具体化、直观化，实现思想政治工作的生动性、对象性，就可以“用中国梦激扬青春梦”，让学生感受到信仰的力量和真理的力量，感受到党的伟大与党的事业的伟大，让广大学生汇聚在党的伟大旗帜下，奋发向上、同心协力，从而推进党和国家事业不断发展。

二、高校思想政治工作面临的新形势

根据教育部发布的《2018年全国教育事业发展基本情况年度发布》显示，2018年，全国共有普通高校2663所（含独立学院265所），比上年增加32所。其中，本科院校1245所，比上年增加2所；高职（专科）院校1418所，比上年增加30所。另有研究生培养单位815个。各种形式的高等教育在学总规模3833万人。

全国普通本专科共招生790.99万人，比上年增长3.87%。其中，普通本科招生422.16万人，比上年增长2.78%；普通专科招生368.83万人，比上年增长5.16%。全国普通本专科共有在校生2831.03万人，比上年增长2.81%。其中，普通本科在校生1697.33万人，比上年增长2.95%；普通专科在校生1133.70万人，比上年增长2.60%。

全国共招收研究生85.80万人，比上年增长6.43%。其中，招收博士生9.55万人，硕士生76.25万人。在学研究生273.13万人，比上年增长 3.47%。其中，在学博士生 38.95 万人，在学硕士生 234.17 万人。

2018 年，全国共招收成人本专科 273.31 万人，比上年增长 25.64%；在校生 590.99 万人，比上年增长 8.61%。招收网络本专科 320.91 万人，比上年增长 12.16%；在校生 825.66 万人，比上年增长 12.19%。

随着高校招生规模的不断扩大，高校思想政治工作任务日益繁重。加强高校思想政治工作，为高校教育事业提供坚实的思想保障和正确的政治指引，显得尤为迫切和重要。

高校思想政治工作，从根本上说，是做青年人的工作，而他们的思想观念、价值取向和行为选择，都受客观环境的制约和影响。当前高校思想政治工作中面临的新形势主要有以下几方面。

第一，经济全球化和高科技的迅猛发展，既为高校思想政治工作提供了前所未有的发展机遇，也使其面临严峻挑战。首先，伴随着经济全球化的迅速发展和我国对外开放的不断扩大，意识形态领域的斗争从远距离变成近距离甚至零距离，西方敌对势力凭借其经济与科技优势，加紧对我国进行意识形态渗透，妄图实现对我国的“西化”“分化”。高等学校一向是意识形态斗争的前沿阵地，西方资产阶级的价值观和政治思想必然会对青年学生产生重要影响。其次，世界高科技的迅猛发展特别是网络技术的普及，使网络成为高校学生获取信息的重要来源，但是网上不健康的甚至反动的信息又可能对广大青年学生的身心健康造成危害。最后，在我国扩大开放后，由历史原因形成的中国与发达资本主义国家之间存在的多方面差异直接显现出来。一些对历史和当今世界缺乏全面了解的青年学生，往往只以现实的经济差距作为价值判断和价值取向的标准。在这样的背景下，如何巩固和加强马克思主义在高校工作中的指导地位，有效抵御西方国家意识形态方面的渗透，如何掌握高校思想教育引导的主动权，用正确、积极、健康的思想文化和信息帮助广大青年学生健康成长，如何引导他们正确认识社会主义和资本主义，增强其爱国主义和社会主义信念，增强接受党的领导的自觉性，成为高校思想政治工作面临的重大课题。

第二，改革开放和社会主义市场经济的不断发展，既为高校思想政治工作提供了重要的前提条件，也对青年学生的思想观念和价值取向产生了前所未有的重要影响。在新的形势下，伴随着我国社会经济成分、组织形式、就业方式、利益关系和分配方式日益多样化，必然形成思想文化和意识形态领域的多样化状态，直接或间接地影响广大青年学生的思想观念和价值取向。当今大学生思想的主流是积极向上的，但同时也存在着相当程度的混乱。尤其是对外开放后，西方的各种哲学、经济学、社会政治和文学艺术思潮的渗入，对青年学生思想的侵蚀不可忽视。在市场经济条件下，如何进行价值取向和行为方式的正确引导，在多种文化的环境中，如何帮助和教育学生坚定共产主义理想信念，以高度的政治敏锐性和政治鉴别力来抵制一切错误思潮的侵蚀，成为当前高校思想政治工作亟待研究和解决的重要理论问题和实践问题。

第三，全面建成小康社会奋斗目标的确立，既为高校的思想政治工作注入了新的生机和活力，也提出了新的更高的要求。全面建成小康社会，需要高等学校培养大批德智体美全面发展的社会主义建设者和接班人。改革开放以来，我国的物质文明、政治文明和精神文明建设都取得了举世瞩目的成就，但是精神文明建设“一手软”的问题始终没有从根本上得到解决。这一现象在高校教育管理工作中也有所反映。在青年学生中相当普遍地存在着重业务知识学习、轻思想道德修养的倾向。如何根据国家建设和社会发展的需要，引导青年学生把自身的成长发展与国家建设的需要统一起来，加强对学生的马克思主义世界观、人生观和价值观教育，是新时期高等教育中一个带有全局性的重大问题，也是高校思想政治工作面临的紧迫任务。

第四，近年来高等教育自身的改革和发展取得了重大进展，给高校思想政治工作的开展提出了新课题和新任务。一是在深化教育教学改革和管理体制改革的过程中，广大师生的自主性、选择性、参与性不断提高，民主意识显著增强，人与人之间的竞争也更加激烈。这就需要做大量深入细致的思想政治工作，及时沟通，正确引导。二是伴随改革的深入，高校的办学模式呈现出多样化和特色化的发展趋势，这需要深入研究和构建与之相适应的有特色的高校思想政治工作，研究高校思想政治教育如何与专业教育有机结合的问题。三是伴随办学规模的扩大和后勤社会化的发展，学生的学习、生活场所趋于分散，高校思想政治工作如何采用灵活多样的工作思路和方法以保证其覆盖面，是需要认真研究和解决的问题。

三、高校思想政治工作的指导思想和基本原则

高校肩负着人才培养、科学研究、社会服务、文化传承创新、国际交流合作的重要使命。高校思想政治工作从根本上说是做人的工作，是为学生解答人生应该在哪用力、对谁用情、如何用心、做什么样的人的过程，帮助学生释疑解惑，及时回应学生在学习生活成长中遇到的现实困惑和具体难题，必须紧紧围绕学生、关照学生、服务学生，不断提升思想政治教育的亲和力、针对性、时效性和实用性，满足学生成长发展的需求和期待，不断提高学生思想水平、政治觉悟、道德品质、文化素养，让学生成为德才兼备、全面发展的人才。

加强和改进高校思想政治工作的指导思想是，高举中国特色社会主义伟大旗帜，以马克思列宁主义、毛泽东思想、邓小平理论、“三个代表”重要思想、科学发展观、习近平新时代中国特色社会主义思想为指导，全面贯彻党的教育方针，坚持社会主义办学方向，扎根中国大地办大学，以立德树人为根本，以理想信念教育为核心，以社会主义核心价值观为引领，切实抓好各方面基础性建设和基础性工作，切实加强和改善党的领导，全面提升思想政治工作水平，紧密团结在以习近平同志为核心的党中央周围，牢固树立政治意识、大局意识、核心意识、看齐意识，坚定不移维护党中央权威和党中央集中统一领导，为实现“两个一百年”奋斗目标、实现中华民族伟大复兴的中国梦，培养又红又专、德才兼备、全面发展的中国特色社会主义合格建设者和可靠接班人。

加强和改进高校思想政治工作的基本原则是：（1）坚持党对高校的领导。落实全面从严治党要求，把党的建设贯穿始终，着力解决突出问题，维护党中央权威、保证党的团结统一，牢牢掌握党对高校的领导权。（2）坚持社会主义办学方向。坚持马克思主义指导地位，坚持以人民为中心的发展思想，更好为改革开放和社会主义现代化建设服务、为人民服务。（3）坚持全员全过程全方位育人。把思想价值引领贯穿教育教学全过程和各环节，形成教书育人、科研育人、实践育人、管理育人、服务育人、文化育人和组织育人长效机制。（4）坚持遵循教育规律、思想政治工作规律、学生成长规律。把握师生思想特点和发展需求，注重理论教育和实践活动相结合、普遍要求和分类指导相结合，提高工作科学化和精细化水平。（5）坚持改革创新。推进理念思路、内容形式、方法手段创新，增强工作时代感和实效性。

四、把思想政治工作贯穿于教育教学全过程

习近平总书记在全国高校思想政治工作会议上指出，要坚持把立德树人作为中心环节，把思想政治工作贯穿教育教学全过程，实现全程育人、全方位育人，努力开创我国高等教育事业发展新局面。党的十九大以来，聚焦实现全员全过程全方位育人，教育部启动“三全育人”综合改革试点，指导建设32家省级高校网络思想政治教育中心，培育建设20个思想政治工作创新发展中心、40个思想政治工作队伍培训研修中心，大力推动理论创新和实践探索。在各地各高校的共同努力下，“三全育人”呈现出生机勃勃的崭新局面。高校要将立德树人作为立身之本，着力构建“三全育人”工作体系，不断提升人才培养的针对性和实效性，切实肩负起培养德智体美劳全面发展的社会主义建设者和接班人的神圣使命。

（一）深刻把握全员育人内涵

古人云：立人先要立德，无德者，国之祸也，德者，国之栋也。把青年大学生培养成德才兼备的人，培养成社会主义核心价值观的弘扬者和践行者，培养成合格的社会主义现代化建设者和接班人，是高等教育发展的必然取向，也是社会发展的客观要求。高校育人工作不仅是一个传授、灌输和引导的过程，更是一个感化、熏陶和养成的过程，教育人、培养人、发展人是高校育人工作的出发点和落脚点。

长期以来，我们把教育视为一种社会现象，把社会、政治、经济和文化的需要，作为教育发生的原点，事实上偏离了教育的本质。从现实来看，高校存在的问题是：教师在教学过程中“只教书不育人”现象十分普遍；学校其他岗位的管理人员和服务人员，只扮演分内的工作角色，

心中无育人意识，行为上无育人自觉，没有参与到育人工作中来；环境育人的功能没有得到很好发挥，许多高校校园建设追求大气和洋气，内涵建设一片空白，缺乏文化氛围，这些问题影响学生的成长和全面发展。

高校是寄托千万个家庭美好希望的地方，教育工作者是托起明天太阳的人。要办令人民满意的教育，需要学校里的所有教职工以为人父母之心去定位自己的工作目标、履行自己的工作职责，从成长与发展的角度去考量每一名学生，形成育人的行为自觉，这就需要全体教职工树立全员育人理念。这一理念是指学校全体教职工为了实现育人目标，在从事本职工作的过程中，以一定的形式，对学生进行直接或间接的教育过程。

全员育人的核心是以“生”为本。有人说教育本身意味着：一棵树摇动另一棵树，一朵云推动另一朵云，一个灵魂唤醒另一个灵魂。这就要求学校每个工作岗位上的人都能自觉而有效地去做那棵树、那朵云。食堂阿姨的一个点头微笑，宿管大妈的一句善意提醒，实际上都蕴含着无声的教育。不论在哪个角落，不论岗位属性如何，都能让学生从教职工的举手投足中体味到做人做事的本真，我们才有底气说大学是育人的沃土，是成才的摇篮。当然，高校的教育教学活动更应该尊重教育规律和学生身心发展规律，关注学生成长所需要的一切因素，把握各个育人环节，全员育人、全过程育人、全方位育人，进而实现全面发展。

全员育人的原则是共同发“力”。“全员”是指学校全体教职工，包括领导干部、教师和职工。学生接受教育的空间、渠道和养分，来自学校每个岗位、每一名教职工。因此，只有当全体教师、辅导员、行政人员乃至教辅人员、后勤服务人员等高校教育主体，发挥教书育人、管理育人、服务育人和环境育人的功能，达到全员力量的整合，才能最终实现高校“全员育人”这一价值诉求。全体教职工要立足树立结果思维模式，改变被动的完成岗位工作的任务思维模式，关注和服务学生的德智体美劳全面发展，在自己的岗位职责内为学生提供成长与发展所需的养分和土壤，只有每个人都在自己的岗位上恰当、自觉和有效地做着服务于学生的工作，才能凝聚成一股持久的、强大的育人合力，学校的办学水平、育人质量才能自然得到提升。

全员育人工作是一项全方位、多方面的综合工程，需要加强顶层设计，着力构建适应时代要求、适合本校实际发展的育人工作机制。[①]

（二）实现全过程、全方位育人

如何把思想政治工作贯穿教育教学全过程，实现全过程育人、全方位育人，是贯彻习近平总书记全国高校思想政治工作会议讲话精神、开创我国高等教育事业发展新局面的根本和关键。

一是学校要明确办学方针。一流的人才必须是德智体美全面发展的社会主义事业建设者和接班人，是有使命意识、责任意识和担当意识的人才。这种使命就是实现中华民族伟大复兴的使命，把我国建设成为富强民主文明和谐美丽的社会主义现代化强国的使命，全面建成小康社会的使命。这种责任就是对中华民族的责任，对中国人民的责任，对中国共产党的责任。这种担当就是为人民服务的担当，为中国共产党治国理政服务的担当，为巩固和发展中国特色社会主义制度服务的担当，为改革开放和社会主义现代化建设服务的担当。

二是教师要做先进思想文化的传播者和党执政的坚定支持者。习近平总书记指出："教师是人类灵魂的工程师，承担着神圣使命。"教师的使命是传道、授业、解惑，但是，传道者自己首先要明道、信道，

① 吴国友：《以全员育人理念促学生全面发展》，《光明日报》2016 年 10 月 5 日。

教育者要先受教育。对马克思主义真懂真信，然后才能保证自己所授的业是“正业”，所解的“惑”是存在于学生心中的真“惑”，而不是假问题和伪命题。习近平总书记曾指出，每一位教师在他的研究和教学中都应把握好政治立场坚定性和科学探索创新性的有机统一。不能把探索性的学术问题等同于严肃的政治问题，也不能把严肃的政治问题等同于探索性的学术问题。不能一说学术问题可以研究，就不顾场合口无遮拦乱说一气，也不能为了沽名钓誉而标新立异。作为先进思想文化的传播者和党执政的坚定支持者，教师必须做到既要教给学生知识，又要教给学生做人的道理。在当代中国，要想成为一名好的老师，就必须要有理想信念，有道德情操，有扎实学识，有仁爱之心，用自己的学识、阅历、经验、理想和智慧点燃学生对真善美的向往和追求。

三是各类课程要与思想政治理论课同向同行，形成协同效应。不同的课程，有不同的功能。但是，所有的课程都有一个共同的职责和使命，这就是立德树人，它是高校的立身之本。1999 年 6 月，党中央、国务院决定全面推进素质教育，就是全面贯彻党的教育方针，以提高国民素质为根本宗旨，以培养学生的创新精神和实践能力为重点，造就“有理想、有道德、有文化、有纪律”的德智体美等全面发展的社会主义事业建设者和接班人。这就要求高校的每一门课程在实施的过程中，不能仅仅满足于知识的传授，更要着眼于知识的转化，即把知识转化为学生的能力和素质，转化为学生的价值追求和理想信念，真正实现知识目标、能力目标和价值观目标的高度统一。因此，以德立身、以德立学、以德施教，不是思想政治理论课教师的“专利”，而是每一位高校教师和每一门课程应该负有的共同职责和使命。每一位教师在自己的研究和教学中都应做到教书和育人相统一、言传和身教相统一、潜心问道和关注社会相统一、学术自由和学术规范相统一，守好自己的一段渠，种好自己的责任田，做到与思想政治理论课同向同行，形成协同效应。①

五、新时代大学生的思想特点

大学生是十分宝贵的人才资源，是民族的希望，是祖国的未来。当前大学生思想政治教育工作面临着许多新情况、新问题和新挑战，使大学生的思想状况主要呈现出如下特点。

第一，矛盾性。一般来看，大学生的思想正处于被塑造和社会化的过程中，不是很成熟，存在着很大程度的矛盾性。他们明白自己的生活在很大程度上处于无聊或不充实的状态，而在现实生活中却不知如何通过自身的努力去改变这种状况，部分学生的思想处于摇摆和迷茫的状态之中。他们有执着的追求和远大的抱负，而在现实生活中，又受功利性事物的纠缠，热衷于短期行为，缺乏同困难进行斗争的毅力和脚踏实地、循序渐进的精神；他们希望有祥和安定的生活环境，拥有充分的个人自由，可是对法纪和公共道德规范却又表现出无可奈何的压抑和烦恼，缺乏自律精神。这些都表明，当前的大学生思想具有明显的矛盾性。

第二，差异性。由于大学生个体原来所接受的家庭教育、学校教育不同，他们的知识结构、人际交往和个人经历不同，再加上主体意识的增强，大学生思想状况存在明显的差异性，表现为多元化的存在状态。不同地区、不同专业、不同年级，是否做学生干部、是否是党员的大学生各有各的特点；即使是同一地区、同一专业、同一年级，同是学生干部、同是党员，甚至是同一个班级、寝室的大学生都表现为不同的个性色彩。这种差异性主要体现在他们获取信息渠道的多样性、对事物的

① 孙熙国：《育人重在全过程全方位》，《光明日报》2017 年 1 月 17 日。

看法的多样性、思想水平和理想信念的多层次性上。需要强调的是，大学生思想具有差异性，并不一定代表他们的思想和观念是完全错误的，他们只是从自身需要和自我所把握的社会需要出发，做了不同的取舍而已。

第三，务实性与功利性并存。务实，是新时期大学生思想的一个显著特点。他们无论是在选择课程，还是在选择校园文化活动中，都十分注重学以致用，注重理论和知识与实践的结合。然而，我们还要看到这种务实性往往和功利性并存。部分大学生的人生价值观由社会本位向个人本位倾斜，理想信念淡薄，注重个人的实际利益，偏重世俗功利化，讲求实惠、实效和实用。他们涉世不深，同社会、周围人较少有利害矛盾，崇尚正义、愿做好事，可是面对社会上的拜金主义、享乐主义和极端个人主义及其各种丑恶现象却又缺乏抵制能力和抗诱惑能力，容易形成追求单纯物质性和感官性的低级趣味。

第四，包容性。当代大学生对于社会上、学校里、个人家庭与身边存在的问题，一般具有一定的包容性，赞同“存在的就是合理的”观点。对于自身所感受到的新事物、新观念、新思想、新知识、新技能能够欣然接受，对于自己所感受到的旧事物、旧思想、旧观念、不良现象的存在也给予一定的理解和宽容，表现为不置可否、顺其自然的态度。但面对复杂的现实，对其中的真善美与假恶丑，缺乏分析、判断和选择的能力，对人生、对国家的前途缺乏信心，对社会、对他人缺乏信任，对职责、对诺言缺乏信守的现象较为普遍存在。他们在顺境中成长，享受着比长辈更多的关照和幸福，却不太乐意关心、帮助别人，有时感情上显得冷漠。[①]

① 刘殿毅：《新时期高校思想政治工作面临的挑战和对策探讨》，《济南职业学院学报》2005 年第 5 期。

六、加强新时代大学生思想政治工作的对策

作为党和国家思想政治工作的重要环节和前沿阵地，高校思想政治工作承载着学习、研究、宣传马克思主义，培养德智体美劳全面发展的社会主义建设者和接班人的重大任务。要做好新时代大学生思想政治工作，需要从以下方面入手。

（一）树立思想政治工作的系统观、立体工程观

思想政治工作是一项复杂的系统工程。高校思想政治工作要树立系统观，一方面，对学生要加强以思想政治理论课为主渠道的系统理论灌输；另一方面，要引导学生进行实践锻炼，通过强化社会调查、社会实践和技能训练环节，不仅能使学生更有效地理解和把握理论，而且能帮助学生在实践中磨炼意志，提高他们对社会和人生的认知水平。

高校思想政治工作是一项立体的工程。开展高校思想政治工作要保证硬件设施和软件条件同时具备。开展思想政治工作没有投入不行，要有场所、有工具、有方法，也要有具备网络技术、传媒技术的现代化设施，更要有良好的工作、生活和交往氛围。要课内课外、校内校外一起抓，做到思想政治工作无处不有、无处不在。而且，针对大学生的思想政治工作要讲科学，有规律，循序渐进。要克服思想政治工作只是政工干部和思想政治理论课教师的任务的观念，真正发挥好党政工团等各部门在高校思想政治教育中的作用。

（二）充分发挥思想政治理论课的主渠道作用

全面加强思想理论课的学科建设、课程建设、教材建设和教师队伍建设，切实改革教学内容，改进教学方法，改善教学手段。多年来，思想理论课在培养大学生树立正确的世界观、人生观、价值观方

面发挥了很大的作用。但是，如何把思想政治理论课变成大学生喜爱的课程，真正发挥其在高校思想政治教育中的主渠道作用，还需要下大气力。一要在哲学社会科学的教育当中，充分体现马克思主义中国化最新成果，用科学理论武装大学生，用优秀的文化武装大学生，把课堂教学纳入大学生思想教育的组织范畴之内；二要努力创立以当代马克思主义为指导的具有中国特色、中国风格、中国气派的哲学社会科学学科体系和教材体系；三要使思想政治理论课教学贴近实际、贴近生活、贴近学生，努力提高思想政治教育的针对性、实效性、吸引力和感染力。要努力使思想政治教育成为大学生内在的强烈的需求，把思想政治教育做到大学生的心坎里。思想政治理论课作为高校思想政治工作的主渠道，在系统传授马克思列宁主义、毛泽东思想、邓小平理论、“三个代表”重要思想、科学发展观、习近平新时代中国特色社会主义思想的同时，应根据德育的基本要求，引导大学生走出课堂，到社会生活实践中去锻炼和考察，使他们在理论与实践结合的基础上，全面把握马克思列宁主义、毛泽东思想、邓小平理论、“三个代表”重要思想、科学发展观、习近平新时代中国特色社会主义思想，从而自觉改造自己的主观世界，确立科学的世界观、人生观和价值观。

（三）要加强大学生心理健康教育

客观形势要求新时期的思想政治工作必须加强大学生心理健康教育，否则就无法做好大学生的思想教育工作，更难以引导大学生健康成长。一要建立和完善心理健康教育的组织机构，组织一支以专职人员为主导、专兼结合的师资队伍，负责统筹安排和组织实施学校心理健康教育的各项工作，完成日常咨询任务。二是开展大学生心理健康状况的普查工作，通过科学、规范的心理测试，建立学生个人心理档案，从新生进校的第一学期抓起，对有心理问题的学生进行跟踪辅导，力求避免学生出现问题。三是面向全体学生开展心理卫生知识普及教育活动，如开设有关辅修课程，举办心理健康教育的系列专题讲座，利用报纸、广播、计算机校园网等媒介进行广泛宣传等，以形成良好的心理健康教育氛围。四是通过设立心理咨询中心、开通心理热线电话和咨询信箱、设置心理健康门诊等办法，积极开展心理咨询工作。心理咨询本身具有预防、治疗、教育和发展的功能，对于促进学生形成健康心理、完善人格、发展自我具有重要作用。

（四）重视加强校园环境建设

高校一般都比较重视校园环境建设，但它作为加强思想政治教育的重要方面和环节，有必要在广度和深度上对其进一步探索和实践。校园的硬件环境建设要注重精神内涵，校园中诸如教室、宿舍、图书馆、食堂、道路、服务设施等硬环境建设，只要有经费投入是容易办到和做好的。多年来的实践证明，硬环境建设和软环境建设实现有机统一，也是学校稳定的重要措施和手段。校园的软环境建设应该坚持全方位、高品位。一是要把提高教师的思想政治素质作为软环境建设的重中之重。二是校园文化建设应该渗透在学生学习和生活的方方面面，与此相适应，要建设比较实用和高效的校园文化传播载体和传播渠道。三是校园文化是一个广义概念，它既包括对党的方针政策的宣传，也包括提高大学生思想政治素质的科学理论、法律、伦理道德的学习内化和校规校纪的制定和推行。同时，要重视培养校园团结祥和、奋发进取的氛围，广泛开展诸如爱心基金、送温暖、无偿献血等道德实践活动，真正让学生感受到人间真情和人生价值之所在。

（五）大力加强队伍建设，为大学生思想政治教育工作提供坚强的组织保证

大学生思想政治教育工作队伍主要有三支：一是学校党政干部和共青团干部；二是思想政治理论课和其他的哲学社会科学课教师，这是大学生思想教育的主要队伍；三是辅导员和班主任。这三支队伍担负着对大学生进行思想政治教育的主要职责。要按照政治强、业务精、纪律严、作风正的要求，切实建设好大学生思想政治教育工作队伍的选拔、培养和管理工作。同时高校所有教职工都负有思想政治教育的职责，教师是人类灵魂的工程师，他们对青年学生有很强的影响力和感染力，在思想传播方面有很强的作用，所以，这支队伍的建设是很有必要的。

随着高校改革的不断深入，高校思想政治工作队伍的整体素质必须不断提高。首先，政工人员应扩大知识面，以便与大学生开展广泛的思想交流，做好学生思想的疏导和引导工作。否则，思想政治工作只能停留在“管”上面，而为管而管的思想政治工作容易使教育者和受教育者产生矛盾，使大学生形成逆反心理。同时，政工人员具有宽广的知识面，也有利于开阔他们开展思想政治工作的视野，有利于不断探索思想政治工作的规律。其次，政工人员还应具有自己的学术专长和研究特色。实践证明，有学术专长的政工人员在学生中会有一定威望，有利于增强思想政治工作的吸引力、感召力和实效性。

七、全面加强新时代高校思想政治工作

加强和改进高校思想政治工作，事关办什么样的大学、怎样办大学的根本问题，事关党对高校的领导，事关中国特色社会主义事业后继有人，是一项重大的政治任务和战略工程。我们党历来高度重视高校思想政治工作，探索形成了一系列基本方针原则和工作遵循。党的十八大以

来，以习近平同志为核心的党中央把高校思想政治工作摆在突出位置，作出了一系列重大决策部署，各地区各有关部门各高校采取有力有效措施，积极主动开展工作，创造了许多成功做法，积累了许多宝贵经验。大学生思想政治教育成效显著，教师思想政治素质明显提高，各类思想文化阵地建设和管理不断加强，中国特色社会主义理论体系进教材、进课堂、进头脑工作扎实有效，社会主义核心价值观建设持续推进，高校意识形态领域主流积极健康向上，广大师生对以习近平同志为核心的党中央拥护信任，对中国特色社会主义和中华民族伟大复兴的中国梦充满信心。总体上看，高校思想政治工作呈现出良好发展态势，必须紧紧围绕新时代要求，发扬钉钉子精神，全面推进高校思想政治工作再上新台阶、展现新作为。

（一）强化思想理论教育和价值引领

党的十八大以来，各地各高校全面贯彻党的教育方针，紧紧围绕立德树人这一根本任务，坚定理想信念，增强“四个意识”，不断推动高校思想政治工作创新发展，不断巩固马克思主义在高校的指导地位，高校思想政治工作成效显著。高校师生思想状况主流积极向上，对党的领导衷心拥护，对以习近平同志为核心的党中央充分信赖，对“四个全面”战略布局高度认同，对中国特色社会主义的道路自信、理论自信、制度自信和文化自信更加坚定，对实现中华民族伟大复兴的中国梦充满信心。

要把理想信念教育放在首位，切实抓好马克思列宁主义、毛泽东思想学习教育，广泛开展中国特色社会主义理论体系学习教育，深入学习习近平新时代中国特色社会主义思想，引导师生增强“四个意识”、坚定“四个自信”、做到“两个维护”。

要培育和践行社会主义核心价值观，把社会主义核心价值观体现到教书育人全过程，引导师生树立正确的世界观、人生观、价值观。高校是培育和践行社会主义核心价值观的重要阵地和重要平台。社会主义核心价值观教育关乎中国特色社会主义大学的性质、办学方向与办学目标。坚持培育和践行社会主义核心价值观，是高等教育坚持中国特色社会主义共同理想和共产主义崇高理想，体现国家教育意志、教育理念和教育方针的根本要求。要将社会主义核心价值观融入贯穿到高校教育的方方面面，更加深入和全面地培育和践行社会主义核心价值观。

要加强国家意识、法治意识、社会责任意识教育，加强民族团结进步教育、国家安全教育、科学精神教育，以诚信建设为重点，加强社会公德、职业道德、家庭美德、个人品德教育，提升师生道德素养。

要弘扬中华优秀传统文化和革命文化、社会主义先进文化，实施中华文化传承工程，推动中华优秀传统文化融入教育教学，加强革命文化和社会主义先进文化教育，深化中国共产党史、中华人民共和国史、改革开放史和社会主义发展史学习教育，利用我国改革发展的伟大成就、重大历史事件纪念活动、爱国主义教育基地、国家公祭仪式等组织开展主题教育，弘扬以爱国主义为核心的民族精神和以改革创新为核心的时代精神。

要加强高校马克思主义学院建设，打造马克思主义理论教学、研究、宣传和人才培养的坚强阵地，支持有条件的高校设置马克思主义理论专业，深入实施马克思主义理论研究和建设工程。

（二）办好高校思想政治理论课

高校思想政治理论课是高校落实立德树人根本任务的核心课，是实现高等教育内涵式发展的灵魂课，也是研究和传播马克思主义的主渠道。2019 年 3 月 18 日，习近平总书记主持召开学校思想政治理论课教师座谈会并发表重要讲话，从党和国家事业长远发展的战略高度出发，深刻阐明学校思政课的重要意义，就如何办好新时代思政课作出部署、提出要求，为做好新时代学校思想政治工作、培养担当民族复兴大任的时代新人提供了重要遵循。

办好思想政治理论课，最根本的是要全面贯彻党的教育方针，解决好培养什么人、怎样培养人、为谁培养人这个根本问题。思想政治理论课是落实立德树人根本任务的关键课程，要充分发挥好课堂教学主渠道作用，让有信仰的人讲信仰，以透彻的学理分析回应学生，以彻底的思想理论说服学生，用真理的强大力量引导学生。要深入实施高校思想政治理论课建设体系创新计划，完善教材体系，提高教师素质，创新教学方法，增强教学的吸引力、说服力、感染力。要坚持政治性和学理性相统一，坚持价值性和知识性相统一，坚持建设性和批判性相统一，坚持理论性和实践性相统一，坚持统一性和多样性相统一，坚持主导性和主体性相统一，坚持灌输性和启发性相统一，坚持显性教育和隐性教育相统一，以社会主义核心价值观引领课程建设，着力把思想政治理论课打造成“金课”。其他各门课都要守好一段渠、种好责任田，深入挖掘各类课程和教学方式中蕴含的思想政治教育元素和所承载的思想政治教育功能，纳入专业课教材讲义和教学大纲，开设好学术规范、诚信教育、职业伦理类课程，提高和完善各类课程的教学、考核和评估标准，明确学术诚信在日常教学过程中的基础性地位，加强学生诚信和敬业教育，使各类课程与思想政治理论课同向同行，形成协同效应，实现全员全程全方位育人。

（三）发挥哲学社会科学育人功能

发挥哲学社会科学育人功能，强调要加强哲学社会科学学科体系建设，积极构建中国特色、中国风格、中国气派的哲学社会科学学科体系，强化马克思主义理论学科的引领作用，支持有条件的高校在马克思主义理论一级学科下设置党的建设二级学科，实施高校马克思主义理论人才支持培养计划，积极推进学术话语体系创新，加快完善具有中国特色和国际视野的哲学、历史学、经济学、政治学、法学、社会学、民族学、新闻学、人口学、宗教学、心理学等学科，努力建设一批具有中国特色、世界一流的哲学社会科学学科。加快建设一批哲学社会科学专业核心课程教材。要规范哲学社会科学教材选用，建立国家优秀教材评选奖励制度，完善学术评价体系和评价标准，建立科学权威、公开透明的哲学社会科学成果评价体系，健全优秀成果评选推广机制，提高高校学术委员会建设水平。

（四）加强教师队伍和专门力量建设

加强教师队伍和专门力量建设，强调要提升教师思想政治素质，加强思想政治工作，建立中青年教师社会实践和校外挂职制度，加强师德师风建设，增强教师教书育人的责任担当。要完善教师评聘和考核机制，增加课堂教学权重，引导教师将更多精力投入到课堂教学上，完善教师职业道德规范，实施师德“一票否决”。高校思想政治工作队伍和党务工作队伍具有教师和管理人员双重身份，要纳入高校人才队伍建设总体规划，形成一支专职为主、专兼结合、数量充足、素质优良的工作力量。

这些年来，高校思想政治工作队伍兢兢业业、甘于奉献、奋发有为，为高等教育事业发展作出了重要贡献。实践证明，这是一支不可或缺的队伍，也是一支值得信赖的队伍。高校要像关心教学科研骨干的成长一样关心思想政治工作队伍成长，使他们工作有条件、干事有平台、待遇有保障、发展有空间，最大限度调动他们的积极性、主动性、创造性。要加强党委对教师队伍建设的统一领导，全面落实中共中央、国务院《关于全面深化新时代教师队伍建设改革的意见》，按照"'四有'好老师""四个引路人""四个相统一"的要求，深入推进师资人事制度改革，落实人员应聘、年度考核、聘期考核、综合评价、专项岗位聘任考核、职称评审中的思想政治要求，完善程序与环节，由校、院系两级党委进行前置考察、严格把关，健全师德师风建设长效机制。建立和完善教师引进的师德筛查机制，进一步细化高校教师聘用、职称评审、评优奖励中对教师思想政治、师德方面的考核要求，将师德评价结果与岗位晋升和年度考核挂钩，着力打造一支政治素质过硬、业务能力精湛、育人水平高超的高素质教师队伍。

（五）推进高校思想政治工作改革创新

推进高校思想政治工作改革创新，强调要贴近师生思想实际，以改革创新精神做好高校思想政治工作，建立健全校领导、院（系）领导联系师生、谈心谈话制度，在平等沟通、民主讨论、互动交流中进行思想引导，有的放矢、生动活泼地开展工作，发挥师德楷模、名师大家、学术带头人等的示范引领作用。要加强互联网思想政治工作载体建设，加强学生互动社区、主题教育网站、专业学术网站和"两微一端"建设，运用大学生喜欢的表达方式开展思想政治教育。要强化社会实践育人，提高实践教学比重，组织师生参加社会实践活动，完善科教融合、校企联合等协同育人模式，加强实践教学基地建设，建立健全国家机关、企事业单位、社会团体接收大学生实习实训制度，开设创新创业教育专门课程，增强军事训练实效，建立健全学雷锋志愿服务制度。要在服务引导中加强思想教育，把解决思想问题与解决实际问题结合起来，做到既讲道理又办实事，加强学生学业就业指导，帮助大学生顺利完成学业，加强人文关怀和心理疏导，促进大学生身心和人格健康发展，加强对家庭经济困难学生的资助工作，积极帮助解决教师的合理诉求。积极发挥共青团、学生会组织和学生社团作用。要健全高校思想政治工作评价体系，研究制定内容全面、指标合理、方法科学的评价体系，推动高校思想政治工作制度化。

（六）加强和改善党对高校的领导

要完善高校党的领导体制，坚持和完善普通高校党委领导下的校长负责制，高校党委对本校工作实行全面领导，履行管党治党、办学治校的主体责任，切实发挥领导核心作用。按照社会主义政治家、教育家标准，选好配强高校领导班子特别是党委书记和校长。高校党委书记主持党委全面工作，履行高校思想政治工作和党的建设第一责任人的职责。校长是学校的法人代表，在党委领导下组织实施党委有关决议，行使高等教育法等规定的各项职权。其他党委班子成员履行“一岗双责”，结合业务分工抓好思想政治工作和党的建设工作。要强化院（系）党的领导，发挥院（系）党委（党总支）的政治核心作用，履行政治责任，保证监督党的路线方针政策及上级党组织决定的贯彻执行。认真执行民主集中制原则，通过院（系）党政联席会议讨论和决定本单位重要事项，健全院（系）集体领导、党政分工合作、协调运行的工作机制，提升班子整体功能和议事决策水平。

要加强高校基层党建工作，建立健全高校基层党组织，加强教师党支部、学生党支部特别是研究生党支部建设，充分发挥党支部战斗堡垒作用。坚持党的组织生活各项制度，组织党员深入开展“两学一做”学习教育，认真做好在高校优秀青年教师、高校学生中发展党员工作，加强党员日常管理监督。党的十八大以来，全国高校创新方式方法，激发党建活力，不断扩大高校基层党组织覆盖面，使学生党支部、研究生党支部、教师党支部的战斗堡垒作用不断增强。习近平总书记在全国高校思想政治工作会议上强调，要加强高校党的基层组织建设，创新体制机制，改进工作方式，提高党的基层组织做思想政治工作的能力。2017年8月，教育部党组印发《关于加强新形势下高校教师党支部建设的意见》，将教师党支部明确定位为教育、管理、监督和服务教师党员的基本单位，把党的路线方针政策落实到高校基层的战斗堡垒，党团结和联系广大教师的桥梁纽带，办好中国特色社会主义大学的重要支撑。要选优配强教师、学生党支部书记，实施好教师党支部书记“双带头人”培育工程，努力探索把有条件的党务工作者培养成学术带头人，把行政系统主要负责人、学科带头人培养成基层党组织负责人，逐步实现基层党组织负责人是懂政治的业务工作者、基层行政系统负责人是懂党建的行政领导者，做融合的文章，不做分割的文章。

要健全地方党委抓高校思想政治工作制度，切实加强组织领导和工作指导，坚持和完善党委定期研究、领导干部联系高校等制度，建立部门协作常态机制，形成党委统一领导、党政齐抓共管、职能部门组织协调、社会各方积极参与的工作格局。高度重视民办高校、中外合作办学中党的建设和思想政治工作，探索党组织发挥政治核心作用的有效途径，完善政策保障和经费支持，为加强和改进高校思想政治工作创造良好条件。

创新案例

武汉大学：多措并举提升研究生思想政治工作质量

武汉大学聚焦为伟大事业锻造世界一流研究生，充分发挥科研、实践、文化、管理、服务、组织等方面工作的育人功能，整合育人要素，拓展育人途径，完善育人体系，不断提高研究生的综合素质，有力促进研究生全面发展。

一是强化科研育人。让学术创新成为青春飞扬的动力，培养研究生赤诚报国的理想追求、敢为人先的科学精神、开拓创新的进取意识和严谨求实的科研作风。承办全国研究生智慧城市技术与创意设计大赛等重大赛事，组织研究生参加全国研究生创新实践四大系列赛事，荣获各类奖项超过210次，获奖面和总数位居全国前3。连续举办12届研究生学术科技节，内容涵盖十大板块、81项精品活动。5年来举办“弘毅讲堂”76期、“博士生学术沙龙”88期。研究生创新能力不断增强，2017年，全校研究生在SCI、SSCI、A&HCI发表高水平的论文年增长超过13.4%。

二是夯实实践育人。让服务实践成为青春搏击的能量，为研究生健康成长成才奠定坚实的平台。制定《武汉大学研究生挂职锻炼管理办法（试行）》等4项文件制度。修订《武汉大学研究生挂职锻炼二十问（2017年）》《研究生挂职锻炼工作手册》《研究生挂职锻炼工作流程》等。出台《武汉大学研究生实践育人管理办法》等制度，创新推进“武大博士镇长团计划”。研究生社会实践成果荣获教育部第八届高校校园文化建设优秀成果一等奖。2015年，学校入选全国首批高校实践育人创新创业基地。

三是统筹文化育人。开展传承红色基因系列主题教育。组织开展研究生学习宣传党的十九大精神征文、“颂党恩 继伟业”诗文朗诵比赛等。举办全省、全校“我的中国梦”研究生主题演讲比赛和“我的家国情怀”主题征文大赛，组织开展“中国梦·珞珈情”博士生文化节。选树师生先进典型，珞珈群星熠熠生辉。开展主题征文、理论研讨、学术讲座、演讲比赛、时事辩论、风采展示等活动，引导研究生做社会主义核心价值观的坚定信仰者、积极传播者、模范践行者。

四是优化管理育人。通过修订评价体系、优化考评流程、实施负面清单，优化辅导员的考核标准、量化指标和考核方式，在辅导员中营造爱国守法、敬业爱生、育人为本、终身学习、为人师表的良好工作生态。承办全国高校研究生工作专题研讨培训班、全国高校辅导员职业能力大赛。进一步落实《武汉大学辅导员队伍建设实施办法》，选强配齐辅导员，优化辅导员的考核标准、量化指标和考核方式。举办全校辅导员职业能力大赛和辅导员素质拓展系列活动。完善工作机制、积极教育引导、夯实领导责任、倒查责任追究、排查“五类”学生、强化预警帮扶、研究学生宿舍相对集中住宿、推进信息化管理等标本兼治措施。

五是完善服务育人。畅通信息渠道，充分发挥研究生学生组织的作用，尽最大可能满足研究生的合理利益诉求。进一步强化校外租住研究生及外出实习实践研究生的安全管理。协同有关单位开展宿舍安全隐患全面排查，及时协调落实整改。积极配合做好宿舍分配与搬迁工作，多部门联动现场办公等多种方式协同解决一批热点重点问题，切实做到“事事有回应，件件有回音”。加强人文关怀，培育学生理性平和、乐观向上的健康心态。支持、指导研究生会开展“天才知道”心理知识竞赛，组织举办研究生心理健康节，举行户外大型趣味心理测评活动、心理健康知识专题讲座、心理素质拓展训练、校园心理文化趣味运动会等。全面排查特殊学生群体状况，系统梳理关注对象信息并开展重点个案研判。做好研究生心理危机干预工作，完善突发事件的情况应急处置、分析研判等机制。建立全校重点关注研究生信息库，健全心理健康月报制度和重点关注对象一人一档。

六是健全组织育人。以党的力量凝聚研究生，让党的十九大精神真正在广大研究生中落地生根。举办研究生党支部书记学习贯彻党的十九大精神专题研讨班、研究生党员骨干学习贯彻全国高校思想政治工作会议精神专题研讨班。组织开展“我为十九大点赞”研究生线上接力“UP”活动。成立学习习近平新时代中国特色社会主义思想博士生宣讲团，实施“E宣”和“珞珈红”双引擎行动计划，努力把习近平新时代中国特色社会主义思想用青年的视角、青年的思维讲明白、讲透彻，《人民日报》《光明日报》等媒体先后给予报道。

（来源：全国高校思想政治工作网，2018年4月26日）

第二章

始终坚持社会主义办学方向

办好中国特色、世界水平的现代教育，最重要的就是在事关办学方向的问题上站稳立场。习近平总书记在全国教育大会上用“九个坚持”来概括新时代坚持中国特色社会主义教育发展道路的核心要求，其中一个重要方面就是坚持社会主义办学方向。这是新时代坚持和发展中国特色社会主义教育的根本原则，也为我国高等教育事业的发展指明了方向。

一、党领导人民开辟中国特色社会主义教育发展道路

教育事业是党的事业的重要组成部分。教育的普及和人民群众思想道德科学文化素质的提高，一直是中国共产党孜孜以求的奋斗目标之一。我们党自诞生之日起，就始终把教育工作与党在各个时期的中心工作紧密联系在一起。在党的领导下，我国教育事业走过了波澜壮阔、气势恢宏的光辉历程。

新民主主义革命时期，以毛泽东同志为主要代表的中国共产党人，制定了教育为革命战争服务、与劳动相结合的苏维埃文化教育总方针，提出建立“民族的、科学的、大众的”新民主主义文化教育事业发展宗旨。在土地革命、抗日战争、解放战争中，我们党克服各种困难创办学校，培养了大批优秀人才，为新民主主义革命胜利和争取中华民族解放作出了重要贡献。

中华人民共和国成立后，我们党把发展文化教育事业放到重要位置，成功完成了对旧中国教育的改造，实现了对教育工作的全面领导。坚持“向工农开门”，大力开展扫盲和工农识字运动，保障人民群众平等受教育的权利。大力发展各级各类教育事业，逐步构建起社会主义教育制度和较为完整的教育体系，为社会主义建设事业提供了重要保障。

党的十一届三中全会后，以邓小平同志为主要代表的中国共产党人，提出在现代化建设“三步走”发展战略中第一位的是发展教育和科学技术，确立了教育在社会主义现代化建设全局中优先发展的战略地位。邓小平同志反复强调要“尊重知识、尊重人才”，明确“教育要面向现代化，面向世界，面向未来”。中央召开全国教育工作会议，颁布

《关于教育体制改革的决定》，教育改革不断深入，发展步伐不断加快。

党的十三届四中全会后，以江泽民同志为主要代表的中国共产党人，制定和实施科教兴国战略，把科技和教育摆在经济社会发展的重要位置，充分发挥教育的基础性、先导性和全局性作用，把经济建设转移到依靠科技进步和提高劳动者素质的轨道上来。中央先后颁布《中国教育改革和发展纲要》《关于深化教育改革全面推进素质教育的决定》，努力建设一个面向21世纪的中国特色社会主义教育体系。

党的十六大以来，以胡锦涛同志为主要代表的中国共产党人，提出“人力资源是第一资源”的科学论断，坚持实施科教兴国战略和人才强国战略，作出了优先发展教育、办人民满意教育和建设人力资源强国的重大部署。中央召开新世纪以来第一次全国教育工作会议，颁布《国家中长期教育改革和发展规划纲要（2010 — 2020年）》（以下简称《教育规划纲要》），丰富和发展了中国特色社会主义教育理论，描绘了未来教育改革发展的宏伟蓝图，指明了教育事业科学发展的方向。①

党的十八大以来，以习近平同志为核心的党中央，对中国教育的发展和思想政治教育工作高度重视，出台了一系列重要政策和举措。2016年12月7日至8日，全国高校思想政治工作会议在北京召开。2018年9月10日，全国教育大会在北京召开。深入学习贯彻习近平总书记关于教育的重要论述，不断加强高校思想政治工作，始终坚持正确育人方向，燃亮理想与信仰的火炬，我国高等教育事业必能凝聚更多正能量、激发更大创造力，为实现中华民族伟大复兴源源不断地输送人才。

① 袁贵仁：《坚持党的领导和社会主义办学方向　不断推进教育事业科学发展》，《求是》2011年第14期。

二、党领导人民建立中国特色社会主义教育体系

我们党在开辟中国特色社会主义教育发展道路的过程中，带领人民建立了中国特色社会主义教育体系，形成了学历教育和非学历教育协调发展、职业教育和普通教育相互配合、职前教育和职后教育有效衔接、公办教育和民办教育共同发展的格局，切实保障了亿万人民群众受教育的权利，创造了人类教育史上的奇迹。

第一，建成不断满足广大人民群众日益增长的多层次、多样化教育需求的现代国民教育体系。中华人民共和国成立时，我国有 80% 的人口是文盲，小学、初中和高中入学率分别是 20%、6% 和 1.5%。经过不懈努力，2018 年我国各级各类教育规模均居世界首位，总体发展水平跃居世界中上行列，教育事业实现了新的历史跨越。根据教育部网站消息，2018 年全国共有各级各类学校 51.89 万所，各级各类学历教育在校生 2.76 亿人。其中，学前教育继续较快发展，普惠性幼儿园快速增加；义务教育普及水平保持高位，大班额、超大班额比例继续下降；高中阶段教育普及攻坚稳步推进，基本办学条件进一步改善；高等教育规模继续呈现稳步发展态势，高等教育结构进一步优化；特殊教育体系进一步完善，学校数和接受特殊教育的学生数继续增加；民办教育较快发展，规模与占比稳中有进。

第二，构建体现党的宗旨和社会主义制度优越性的教育公平体系。我们党坚持把促进公平作为国家基本教育政策，切实保障公民依法享有受教育的权利。推动建立覆盖城乡的基本公共教育服务体系，促进公共教育资源配置公平，加强薄弱环节和关键领域，不断缩小城乡、区域教育发展差距。健全国家资助政策体系，提高农村义务教育家庭经济困难寄宿生生活补助标准，建立普通高中家庭经济困难学生国家资助制度，

完善普通本科高校、高等职业学校、中等职业学校家庭经济困难学生资助政策体系，完善助学贷款体制机制，努力不让一个学生因家庭经济困难而失学。着力解决进城务工人员子女平等接受义务教育问题，切实保障残疾人受教育权利。这些政策措施使更多人分享了教育改革发展的成果，有力地促进了社会公平和民生改善。

第三，形成与社会主义市场经济体制相适应的教育管理和学校办学制度体系。中华人民共和国成立以来，特别是改革开放以来，我们党不断深化教育体制改革，教育管理体制、办学体制、投入体制等方面的改革取得重大进展。通过改革，逐步形成了国务院领导，省级人民政府负责统筹规划实施，以县级人民政府管理为主的义务教育管理体制；在国务院领导下，分级管理，地方为主，政府统筹，社会参与的职业教育管理体制；中央和省级人民政府两级管理，以省级人民政府管理为主的高等教育管理体制。理顺和规范政府与学校的关系，形成了学校面向社会依法自主办学、自我发展、自我约束的机制。鼓励和引导社会力量兴办教育，形成了以政府办学为主体、公办学校和民办学校共同发展的格局。教育投入体制改革逐步推进，建立健全了公共教育财政制度，强化政府对公共教育的保障责任；改革了非义务教育阶段成本分担机制，形成了义务教育由政府负全责、非义务教育阶段以政府投入为主多渠道筹措教育经费的体制机制。形成了全方位多层次宽领域、出国留学和来华留学同步发展的教育对外开放格局。教育法律法规不断健全，为教育改革发展提供了法治保障。

第四，建立支撑教育事业持续健康发展的教师队伍建设体系。我们党始终把加强教师队伍建设作为教育事业发展最重要的基础工作来抓。创新培养模式，提高教师地位待遇，依法保证教师平均工资水平不低于或者高于国家公务员的平均工资水平。健全教师管理制度，完善教师准入制度，加强学校岗位培训，强化激励机制。加强师德建设，开展教师职业理想和职业道德教育。大力表彰和宣传模范教师的先进事迹，着力形成尊师重教的良好氛围，努力使教师成为全社会最受尊敬最值得羡慕的职业。

我们党领导人民建立起来的中国特色社会主义教育体系，符合中国国情、适应党和人民事业发展需要，极大地提高了全民族素质，实现了我国由人口大国向人力资源大国的转变，推进了科技创新、文化繁荣，为国家经济发展、社会进步和民生改善作出了不可替代的重大贡献，为中华民族的伟大复兴奠定了坚实基础。[①]

三、高校坚持社会主义办学的教育责任

习近平总书记指出，要教育引导学生正确认识世界和中国发展大势，正确认识中国特色和国际比较，正确认识时代责任和历史使命，正确认识远大抱负和脚踏实地。习近平总书记的这一重要论断，深刻阐释了高校思想政治工作的着力点，指明了高校坚持社会主义办学过程中的教育责任。培养什么人，是教育的首要问题。我国是中国共产党领导的社会主义国家，这就决定了我们的教育必须把培养社会主义建设者和接班人作为根本任务，培养一代又一代拥护中国共产党领导和我国社会主义制度、立志为中国特色社会主义奋斗终身的有用人才。这是教育工作的根本任务，也是教育现代化的方向目标。

第一，教育引导学生深刻认识和把握人类社会发展规律，坚定中国

① 袁贵仁：《坚持党的领导和社会主义办学方向　不断推进教育事业科学发展》，《求是》2011年第14期。

特色社会主义信念。要帮助广大学生树立正确的世界观、人生观和价值观，不断增强为共产主义远大理想和中国特色社会主义共同理想而奋斗的信念和信心，更加自觉地从我们党探索中国特色社会主义的伟大实践中认识和把握人类社会发展的历史必然性，认识和把握中国特色社会主义的历史必然性。为此，要发挥思想政治理论课的主渠道作用，加强马克思主义理论教育，积极发挥广大教师的主导作用，深化课程体系、教学内容和方法研究，推动中国特色社会主义理论体系特别是习近平新时代中国特色社会主义思想进教材进课堂进头脑。要立足中国特色社会主义伟大实践大力推进理论创新，重点支持马克思主义学院建设，着力培养一批高水平的马克思主义理论专家和哲学社会科学各领域具有坚实马克思主义理论素养的知名学者，推出一批高水平的马克思主义中国化研究成果并将其贯穿到教育教学和人才培养的全过程。要加强对学生的思想政治引领，面向学生党员骨干这一重点群体，通过理论读书班等举措搭建系统化的理论学习、实践体系，培养一批“真学、真信、真懂、真用”理论的青年马克思主义者，发挥他们在广大学生中思想引领的辐射作用，提升在学生中开展党建和思想政治教育的实效。

第二，教育引导学生在国际比较中深刻认识中国特色社会主义的优势，树立道路自信、理论自信、制度自信和文化自信。在当今这个全球化的时代，中国和世界更加紧密地联系在一起。要在国际比较中将中国的特色和优势讲深讲透，使广大学生学深学透，全面客观认识当代中国、看待外部世界，既要深刻理解中华文明独特的价值体系和深厚的历史底蕴，又要正确认识当代中国面临的机遇和挑战；既要具有国际视野，虚心学习借鉴人类社会创造的一切文明成果，又不能盲目地迷信别国的发展理念和模式，丧失自信和勇气。要深化学生社会实践，持续推进社会实践与思想教育相结合、与党建和集体建设相结合、与教学计划相结合、与服务社会相结合、与事业选择和职业规划相结合，让学生的理想与认知接受真实社会的砥砺磨炼。要充分利用海外教育资源，鼓励学生走出国门，提升国际视野，着力打造国际化校园，促进不同文化、生活、专业背景学生的沟通交流，在培养多元文化意识和跨文化沟通能力的基础上，引导他们在中外文化的比较鉴别中去粗取精、去伪存真，让中国特色社会主义的优势在国际比较中更加彰显。

第三，教育引导学生深刻认识自身在中华民族伟大复兴进程中肩负的历史使命，勇敢承担时代和人民赋予的历史重任。当今青年学生处于一个伟大的时代。要用中国梦激扬青春梦，为学生点亮理想的灯、照亮前行的路，激励他们自觉把个人的理想追求融入国家和民族的事业中，勇做走在时代前列的奋进者、开拓者。要进一步引导学生深刻认识只有在服务国家民族发展大业中才能实现人生价值、实现个人梦，深刻认识当代青年学生建设国家服务人民的能力和水平决定着中国特色社会主义的命运和前途，教育引导学生增强责任感、使命感、紧迫感，勇敢地承担起历史使命，担负起时代责任，自觉把个人梦融入中国梦之中。积极探索大学精神文化与社会主义核心价值观教育的有机契合点，与时俱进传承和发展大学精神文化，不断完善学生文化素质教育体系，加强中华优秀传统文化教育，让广大学生增强文化自信和文化自觉，主动承担起时代赋予的责任和历史使命。

第四，教育引导学生树立远大抱负，在勤学苦练中不断增长才干，在知行合一的奋斗中铸就无悔人生。深化教育教学改革，建设更加完善的育人平台，不断激发学生的学习热情。建立更加凸显个性化、人性化的多元评价体系，支持学生根据自身特点和发展志趣自主选择学习内容和成长路径。重点建设一批挑战度高的示范课，围绕当前全球性挑战问题进行课程设计，引导学生在动手实践中学习。加强就业引导，鼓励学生到基层去、到西部去、到祖国最需要的地方去，做成一番事业，做好一番事业，在追求崇高人生理想的道路上始终自强不息、厚德载物。[①]

四、高校坚持社会主义办学方向的措施

能否办好大学，方向问题是第一位的。习近平总书记强调，我们的高校是党领导下的高校，是中国特色社会主义高校。扎根中国大地办大学，必须坚持社会主义办学方向，全面贯彻党的教育方针，坚持以马克思主义为指导，坚持党对高校的领导，不断增强道路自信、理论自信、制度自信、文化自信。要把高等教育发展方向自觉同我国发展的现实目标和未来方向紧密联系在一起，自觉为人民服务，为中国共产党治国理政服务，为巩固和发展中国特色社会主义制度服务，为改革开放和社会主义现代化建设服务。要把立德树人作为高校立身之本，坚持不懈传播马克思主义科学理论、坚持不懈培育和弘扬社会主义核心价值观、坚持不懈促进高校和谐稳定、坚持不懈培育优良校风和学风，把中国特色社会主义伟大旗帜牢牢地高高地举起来，把这面旗帜插到每一个课堂，高扬在每一名师生心中。

第一，强化责任担当，狠抓制度落实。要深刻认识到做好高校思想政治工作是领导干部的政治任务，每一个领导岗位都是思想政治工作的工作站，每一名领导班子成员都是党的思想政治工作者。要明确把握党委在思想政治工作上负有主体责任，党委书记是第一责任人，领导班子

① 陈旭：《抓好高校思想政治工作的着力点》，《求是》2017 年第 3 期。

成员要自觉履行“一岗双责”，以高度负责、敢于担当的精神抓好思想政治工作。要强化纪律监督，加强监督检查，加大问责力度，推动实行校、院（系）党组织书记抓思想政治工作和党的建设述职评议考核制度，对履行责任不力、思想政治工作和党的建设长期薄弱的，追究党组织和党员领导干部的主体责任、监督责任、领导责任。

第二，紧紧围绕教师和学生两大群体，做到齐头并进。要围绕学生、关照学生、服务学生，加强灌输培养，不断提高学生思想水平、政治觉悟、道德品质、文化素养，促进学生健康成长成才。要发挥好学科带头人、老教授、老专家等学校精神和校园文化传承者承载者示范者的作用，在传帮带上见效果，引导广大教师坚持教书和育人相统一，坚持言传和身教相统一，坚持潜心问道和关注社会相统一，坚持学术自由和学术规范相统一。在全面抓好大学生思想政治教育和教师思想政治工作的基础上，重点加强教师党支部建设，优化党支部设置，选优配强党支部书记，加强教师党员发展和教育管理服务工作。

第三，注重统筹好思想政治工作队伍和教学科研骨干队伍建设，推动两支队伍融合发展。实践证明，基层党组织战斗力强、战斗堡垒作用发挥得好，内部矛盾少、政治生态健康，业务工作往往开展得也比较好。其中很重要的原因，是党政主要负责同志既重视党建，又懂业务。要在两支队伍培养上下功夫，通过双向融合整体推进基层党的建设，努力探索把有条件的党务工作者培养成学术带头人，把行政系统主要负责人、学科带头人培养成基层党组织负责人，逐步实现基层党组织负责人是懂政治的业务工作者、基层行政系统负责人是懂党建的行政领导者，整体推进思想政治工作队伍和教学科研骨干队伍建设。

第四，坚持高校党委、院（系）党组织、党支部三级联动。要充分发挥好高校党委的领导核心作用，发挥好院（系）党组织的政治核心作用，发挥好党支部的战斗堡垒作用，把从严治党的体系建立健全起来，责任延伸落实下去，活动正常开展起来。高校党委对学校工作实行全面领导，承担管党治党、办学治校主体责任，要坚持和完善党委领导下的校长负责制，坚决贯彻民主集中制。要进一步发挥院（系）党组织的政治核心作用，履行好政治职责，保证监督党的路线方针政策及上级党组织决定的贯彻执行，把握好教学科研管理等重大事项中的政治原则、政治立场、政治方向，在干部队伍、教师队伍建设中发挥主导作用。在具体工作实践中，要注重把握本科生党支部、研究生党支部和教师党支部的不同规律和特点，有的放矢、胸中有数地开展工作。

第五，抓住教师和教材两个关键，把好政治关。高校党委要负责对新入职教师的综合考察和把关，完善教师评聘和考核机制，引导广大教师自觉做先进思想文化的传播者和党执政的坚定支持者。要建立健全高校哲学社会科学教材编审机制，为高校思想政治工作提供重要载体。高校党委要对哲学社会科学教材选用进行政治把关，对引进教材选用负总责，组织好马克思主义理论研究和建设工程重点教材的统一使用工作。[①]

总之，新形势下高等学校必须始终坚持社会主义办学方向，必须始终把坚定正确的政治方向放在第一位，坚持和加强党对学校的领导，坚持正确的办学指导思想，切实改进和加强思想政治工作，用马克思列宁主义、毛泽东思想和中国特色社会主义理论体系武装学生，把他们培养成社会主义事业的合格建设者和可靠接班人。这是我国高等教育工作的一条十分重要的基本原则，只有坚持这条原则，才能办好社会主义大学。

① 陈宝生：《高校必须坚持正确政治方向》，《求是》2017 年第 3 期。

创新案例

北京工业大学：坚定社会主义办学方向为首都培养一流人才

北京工业大学历来将人才培养工作放在中心位置，坚持立足北京、服务首都，以助力实现“两个一百年”奋斗目标和中华民族伟大复兴中国梦的战略高度，围绕培养中国特色社会主义事业合格建设者和接班人的根本目标，努力为首都社会发展与经济建设培养一流人才。

立德塑魂，把理想信念教育放在首位。习近平总书记指出：“青年一代有理想、有本领、有担当，国家就有前途，民族就有希望。”多年来，北京工业大学以“立德、立业、立人”为思想政治工作的基本理念，鼓励学生做事先做人，在做事中磨炼品格，以良好的道德修养和坚韧朴实的作风成就自我，服务社会。

以“四个正确认识”为切入点，学校通过实施塑魂育人工程、建立诚信档案、推进志愿服务常态化等，引导学生自觉践行社会主义核心价值观。不断创新思政课教学方法，利用移动互联技术开展以全员互动和精准教学为核心理念的教学改革，极大提高了学生的到课率、听课率和参与率。2016年此项教学改革获中国高等教育学会“信息技术与教学深度融合”创新案例一等奖。

为了“把思想政治工作贯穿教育教学全过程”的根本要求落到实处，学校坚持在薄弱处下功夫，在关键点投力量，多措并举，力求使校内各类课程与思想政治理论课同向同行，构建“大思政教育”格局。

为引路人引路，确保教师成为先进文化的传播者。习近平总书记指出，高校教师要坚持教育者先受教育，努力成为先进思想文化的传播者、党执政的坚定支持者，更好担起学生健康成长指导者和引路人的责任。北京工业大学高度重视教师思想政治工作，以青年教师思政工作为重点，以师德师风建设为核心，积极引导广大教师做到“四个统一”，担起学生健康成长指导者和引路人的责任。

学校成立了教师思想政治工作领导小组和党委教师工作部，建立健全了党委统一领导、党政齐抓共管的教师思政工作格局。通过制定《教师职业道德与行为规范》，不断将师德规范内化为每名工大教师乐教、爱生、正己、荣校的行为自觉。设立“京华人才”“青年百人”等一系列人才培养计划，倡导广大教师增强本领、积极有为，为国家的高等教育事业发展和人才培养贡献力量。

同时，北京工业大学自2013年以来针对青年教师开设“青年马克思主义者培养工程班”，要求青年教师不仅业务上精、学术上强，还要努力成为先进思想文化的传播者、党执政的坚定支持者。2016年，“青马班”项目获北京高校党建和思想政治工作优秀成果一等奖、创新成果奖。

牢牢把握党对高校的领导权，为首都培养一流人才。北京工业大学始终把讲政治放在头等重要的位置，校党委对学校各项工作把方向、管大局、作决策、保落实，切实承担起了管党治党、办学治校主体责任。

学校党委把抓好党建作为最大政绩，高度重视体制机制建设，不断坚持和完善党委领导下的校长负责制。加强理论学习，健全校院两级理论中心组学习制度。扎实开展党的群众路线教育实践活动、“三严三实”专题教育、“两学一做”学习教育。积极开展“一院一品”基层党建品牌建设和“示范支部”建设，普遍开展二级党委书记和党支部书记抓基层党建工作述职评议考核。认真落实意识形态工作责任制，舆论引导和阵地管理持续加强。2014年，学校荣获“北京市党的建设和思想政治工作先进普通高等学校”称号。

面对新的机遇和挑战，北京工业大学将以习近平新时代中国特色社会主义思想为指导，以“双一流”大学建设为契机，坚守立德树人根本任务，全力为首都经济社会发展培养高素质的一流人才，为北京“四个中心”建设和京津冀协同发展作出更大贡献。

（来源：《光明日报》2017年10月28日）

第三章

立德树人是高等教育的根本任务

国无德不兴，人无德不立。育人之本，在于立德铸魂。要把立德树人的成效作为检验学校一切工作的根本标准，真正做到以文化人、以德育人，不断提高学生思想水平、政治觉悟、道德品质、文化素养，做到明大德、守公德、严私德。要把立德树人内化到大学建设和管理各领域、各方面、各环节，做到以树人为核心，以立德为根本。

一、立德树人的内涵

从词源的角度来看，“德”是一个会意字，其构型最初表示做人做事要正直向上，不偏离道路，直达目标。后来又加了一个“心”字，也就是“直心为德”，强调不仅要按通行的准则去行，还要这样去想。可见，“德”字从一开始就包含两方面的意义。一方面是内在的品格、德行，是涵盖诚信、仁义等一切美好品德的道德范畴；另一方面是外化出来的行为规范，即要求人们恪守基本的操守、品行，遵从一定的社会规范。关于“德”的具体内容，可以概括为“仁义礼智信”这五常德，但在不同时代、不同学派那里又各有侧重。

“立德”即树立德业，强调要有所“立”。有所“立”就必须有所行动、有所实践，不能停留在口头，这也是“德”本身的应有之义。同时，行动之后还要有成效、有成就，要对国家、对他人有所贡献。孔子很注重教人努力有所“立”以求不朽。王阳明也强调要“成德”，在学校中学习，或长于礼乐，或长于政教，或长于水土播植，但首先要在“德”上有所成就。“立德”意味着我们首先应该作为一个人而活着，应该有志向、有尊、有成就地活着。个人要克己修身，德行高尚，追求人生之“不朽”，对社会、对国家，要能够担当道义，仁爱民众，为后世树立做人的榜样。“立德”，可以说是中国人做人的根本指归。

在现代社会，光讲“立德”，可以塑造出一个好人，但还不足以培养社会发展所急需的合格建设者。所以，还需要“树人”，树立德才兼备之人、和谐发展之人。这就像一棵树苗，要想长成参天大树，不仅要有发达的根系、主干，还要有结构合理的枝丫以及足够的叶子，以便接受阳光。我们的教育要想培养出能够真正立足于社会的人才，就不仅要“立”其德，使其根正，还要“树”其人，构筑起合理的知识框架，使其具备在某一专业领域胜任某项工作的素质和能力。

“立德”强调的是人之为人的根本，“树人”强调的是人才培养目标的全面性，将两者结合在一起，才能形成符合现代社会需求的人才培养目标体系。这一体系的内在逻辑可以概括为“树人为本，立德为先”。教育的根本是要树人，欲树人先立德，树人要以立德为基础，而立德又会促进树人。立德树人所要培养的应该是德才兼备、和谐发展的人，这并不等于说要面面俱到，而是有层次、有侧重、有区别。

在这个培养目标体系中，第一个层次要求的是培养有德之人。要成才，先成人。大多数青年人并不缺乏必要的知识和获取知识的途径，但却有很多人缺乏作为一个人所应有的良知、同情心、社会责任感以及担当意识。专业知识的教育当然重要，但这只是学校教育的一部分。通过专业教育，我们可以把学生培养成为有用的人，但我们需要的是和谐发展的人。这样的人“必须对美和道德上的善有鲜明的辨别力”。所以，我们要强调立德为先，要首先培养学生正确的世界观、人生观和价值观，让他们懂得最基本的做人之道，这是树人的根基。

人才培养的第二个层次，是使其具备某一个专业领域的合理的知识结构，以及与之相关的基本素质和能力。成人之后还要成才，具备一定的专业知识和能力，是一个人能够立足于世，并为国家、社会作贡献的基本条件。目前，学科分类越来越细，学生获取知识的途径日益广泛，在知识传授方面无须面面俱到，但要建立起合理的知识框架，重点培养学生基础性的和必备的素质和能力，比如身体素质和心理素质、理解能力、分析能力、自学能力等。

人才培养的第三个层次，是根据学生个人的兴趣、爱好、禀赋、倾向，培养其具有鲜明个性特点的专长，这一层次属于个性化设计。虽然我国目前的教育模式难以做到因材施教、“对症下药”，但也应尽可能为学生个性发展提供必要的指导、充足的校园资源和宽松的发展环境。我们要培养的不是统一规格的机器人，而是有创造力的和谐发展的鲜活个体。在这方面，学生社团、课外兴趣小组、第二课堂、团队活动等形式，可以弥补课堂教学之不足，应当充分重视并合理引导。

二、立德树人揭示的本质属性

立德树人全面揭示了高等教育的本质属性，其主要体现在下以几方面：

第一，立德树人反映了高等教育建设的内在要求。教育是民族振兴和社会进步的基石，尤其是在今天建设中国特色社会主义和实现中华民族伟大复兴的中国梦大背景下，意蕴更为深远悠长。培养什么样的人，这是高等教育必须回答的首要问题。把立德树人作为教育的根本任务，抓住了教育的实质和核心，也反映了高等教育的内在规律和本质要求。立德树人简言之，就是讲高等教育战线的广大教育工作者要旗帜鲜明、坚定不移、始终不渝地培养与造就优秀人才，立德是高等教育的本质要求与鲜明标志，即办人民满意的高等教育，党所信任的高等教育，无愧于时代的高等教育。树人是高等教育的根本目标与神圣使命，即把学生培养成为德智体美全面发展的社会主义建设者和接班人。立德是高等教育树人的前提与基础，高等教育要完成树人目标，就必须先要立德，以德立校，确立树人教育理念，明确树人教育目标，构建树人教育机制，建设树人教育队伍，形成树人教育氛围。树人是高等教育立德的追求与目的，高等教育要实现立德的追求，就必须始终秉持树人的价值追求，始终围绕与服务于培养德智体美全面发展的社会主义建设者和接班人的宗旨。只有立德树人，全面贯彻党的教育方针，才能够使高等教育沿着正确的方向发展，建立无愧于时代要求、无负于党和人民期望的宏伟德业。

第二，立德树人指明了高等教育改革的基本方向。党的十八大报告首次把“立德树人”确立为教育的根本任务，是对党的十七大“坚持育人为本、德育为先”教育理念的深化，党的十九大进一步明确：“要全面贯彻党的教育方针，落实立德树人根本任务，发展素质教育，推进教育公平，培养德智体美全面发展的社会主义建设者和接班人。”立德树人，即教育事业不仅要传授知识、培养能力，还要把社会主义核心价值体系融入国民教育体系之中，引导学生树立正确的世界观、人生观、价值观和荣辱观，成为社会主义的建设者和接班人。就其本质而言，立德树人的宗旨是培养德智体美全面发展的人，是人的发展和社会发展的最高目标和最终价值取向。为此，立德树人也必然成为我国高等教育改革发展的战略主题和根本方向。毋庸置疑，立德树人的提出也是对高等教育在改革过程中出现的偏差与误区的正本清源。在高等教育改革发展过程中，总是难以摆脱应试教育的羁绊，教育往往只关注学生知识的增加和技能的培养，忽视学生的生命成长，其根本的原因就在于对立德树人根本任务与目标的含糊与偏离。尤其是随着社会主义市场经济的确立和改革开放的不断深化，给人们的政治意识、价值观念和思维方式带来的巨大冲击，使学校出现忽视与轻视德育的现象，学生成了考试做题的机器，疲惫不堪的分数奴隶，疲于奔命的就业机器，而不是有着健全人格的人，甚至出现各种无视、轻视、忽视生命的现象。为此，在当前的形势下，要大力推进高等教育的改革与发展，有效破解高等教育面临的困惑与难题，就必须坚持立德树人的总任务、总目标、总方针，建设好立德树人的系统工程，特别是要把德育作为高等教育改革发展的“重点工程”，着力抓好，建设好。

第三，立德树人明确了高等教育发展的题中之义。立德树人作为高等教育的根本任务，其“立德”蕴意可从两方面理解，一是建立宏伟的树人德业，即要求广大教育工作者，把培养社会主义事业的建设者与接班人作为根本任务与宏伟德业，开拓进取，努力奋斗，不断为推进社会主义事业的进步和实现中华民族的伟大复兴，做出功绩与贡献。二是以德立校，即要求高校必须坚持党的教育方针，坚持社会主义办学方向，坚持德育为先、德育为本的育人目标和标准，以德育为统帅促使学生德智体美全面发展。进一步讲，立德树人就是以德为先，育人先育德，树人先树德。要想学生做好事，就先育学生做好人；只有先育学生做好人，最终才能使学生做好事。可见，高等教育坚持以德立校的育人方向、育人宗旨和育人标准是高等教育发展以及高校树人的题中之义和内在要求。当今我国正处于开放的国际环境与多元文化的背景之中，青年学生又正处在世界观、人生观、价值观形成的关键时刻，德育为先更具有必要性和紧迫性。以德立校，德育为先，就是要在继承的基础上创新，把社会主义核心价值体系融入教育全过程，把理想信念教育作为教育的重中之重，把弘扬以爱国主义为核心的民族精神和以改革创新为核心的时代精神作为重要内容，引导和教育学生自觉践行社会主义核心价值观。

总之，高等教育要立德树人，就要凸显以德立校、德育为先的育人目标，努力把德育渗透于高等教育的各个环节，贯穿于学校教育教学各个方面，创新德育形式，丰富德育内容，不断提高德育的吸引力和感染力，增强德育的科学性和实效性。

三、立德树人凸显的鲜明特征

立德树人作为高等教育的根本任务，既具有立德的鲜明标志，又具有树人的明确宗旨，凸显了社会主义高等教育的鲜明特征。

第一，立德树人的政治性。教育有政治属性，社会主义高等教育必然是为社会主义事业培养建设者和接班人的，为此立德树人就是旗帜鲜明地凸显了高校的社会主义本质属性和根本宗旨，更加突出地明确了高校的社会主义办学方向和育人标准，否则，失去高等教育的政治属性，就抹杀了高等教育的本质属性，就会把高等教育引入歧途，甚至会使学生成为社会主义事业的毁灭者与掘墓人。这绝不是危言耸听，而是具有血的教训的。显然立德树人具有鲜明的政治性，具有特定的内涵与标准，所以说，立德树人既是一种教育理念，也是一个政治信念；既是一种崇高使命，也是一项政治任务，是社会主义大学的鲜明特征与突出标志。

第二，立德树人的时代性。正如党的十九大报告指出的，“中华民族伟大复兴的中国梦终将在一代代青年的接力奋斗中变为现实”。立德树人，培养德智体美全面发展的社会主义建设者和接班人，不仅关系党和人民教育事业的发展，也关系整个中国特色社会主义事业的全局和长远的发展。立德树人是党赋予高等教育的使命与任务，也是新时代对高等教育提出的要求与呼唤，是高等教育的时代特征与标志。当今的高等教育比任何时候都更加凸显它的作用与地位，所培养的人才比任何时候更加凸显它的特质与品格。这个新时代，是承前启后、继往开来、在新的历史条件下继续夺取中国特色社会主义伟大胜利的时代，是决胜全面建成小康社会、进而全面建设社会主义现代化强国的时代，是全国各族人民团结奋斗、不断创造美好生活、逐步实现全体人民共同富裕的时代，是全体中华儿女勠力同心、奋力实现中华民族伟大复兴中国梦的时代，是我国日益走近世界舞台中央、不断为人类作出更大贡献的时代。这个新时代是需要与造就千百万社会主义事业建设者与接班人的时代，同时我们必须看到，随着改革的深入与社会主义市场经济的发展，高等教育受到的冲击与挑战会增加，面临的困惑与问题也会增多，高等教育必然要经历时代风雨的洗礼。一句话，经历新时代，高等教育深深打上了时代的印记，面对新时代，高等教育遭遇了严峻的挑战。迎接新时代，高等教育任重道远、使命光荣。

第三，立德树人的目标性。党的十八大以来，以习近平同志为核心的党中央，要求全面贯彻党的教育方针，坚持教育为社会主义现代化建设服务、为人民服务，把立德树人作为教育的根本任务，培养德智体美全面发展的社会主义建设者和接班人。立德树人不是一句简单的口号，而是一个清晰而具体的目标，即把学生培养成为德智体美全面发展的社会主义建设者和接班人这个目标，一方面是对高等教育战线广大教育工作者提出明确任务与职责，就是要牢固树立立德树人的理念，不断提高德育工作的针对性、实效性，以良好的师德师风引导学生树立正确的世界观、人生观、价值观，努力把学生培养成为德智体美全面发展的社会主义建设者和接班人。另一方面也是对人才培养提出了明确的标准与要求，即高校培养的人才，必须修养良好的品德，以立足社会，垂范世人；必须学习精深的知识，以报效国家，服务人民。总之，他们应德智体美全面发展，能够在中国特色社会主义建设中建功立业，成为社会主义事业的有为建设者和可靠接班人，这既是高等教育理应担负与完成的根本任务，也是检验与衡量高等教育成败的唯一标准。立德树人作为高等教育的根本任务，就是高校要努力实现的目标，它既是高校办学的宗旨与方向，也是高校办学的要求与标准。

四、立德树人确立的重大使命

在新时代，立德树人确立了高等教育的重大使命。

第一，把立德树人作为高等教育的根本任务，努力培养与造就德智体美全面发展的社会主义建设者和接班人，实现中华民族的伟大复兴，不仅是党与时代赋予高等教育崇高而伟大的历史使命，也是高等教育现实中面临的迫切而重大的任务。在当今时代，推进与完成中国特色社会主义事业是一项前无古人的伟大事业。一方面，时代对人才的培养提出了更高的要求与期望，使高等教育面临的任务更艰巨、更重大；另一方面，教育的现实对人才培养造成了严重影响和空前挑战，使高等教育完成的任务更艰难、更迫切，这就是应试教育的影响，使学生成为应对考试的机器，同时还严重存在着忽视与轻视德育的问题，为此，从教育的现实上来看，把立德树人作为高等教育的根本任务，既具有极其深远的历史意义，也具有极其重要的现实意义。这为破解教育现实难题，推进高教改革指明了方向，即要从立校的根本宗旨、任务、目标上着手，认真解决“只教书不育人”“育分不育人”的问题，让教育回归本质，实现知识、能力培育与价值观培育的有机统一。特别要充分关注学生的内心世界，塑造学生纯真完美的心灵，把培养学生的目标、规格、要求等内化为学生的品质，使学生真正成为全面发展的合格人才。

第二，立德树人作为高等教育的根本任务，是高教战线广大工作者的神圣职责。也就是说，立德树人不仅仅只是德育老师的事，它是所有教育工作者共同肩负的神圣职责。从这个意义上说，所有高教战线的工作者都是德育工作者。立德树人，“德”字为先；立德树人，师德为范。教师肩负着为人师表、教书育人的重任，是社会主义精神文明的传播者和建设者，是青年学生成长的引路人与培育者。广大教育工作者能否担当起立德树人的重任，直接关系到教育根本任务的实现与达成。这就是说，立德先立师，树人先正己，培养和造就一支学高身正的教师队伍，是立德树人成败的关键。一方面，广大教育工作者必须把立德树人转化为内心信念，秉德育人，不辱使命，不负重任，崇德育人，言传身教，做出表率；另一方面，要构建立德树人的教育机制，不断提升教育工作者的育德意识和育人能力，使教育内容上达到以德树人，德育为先，在教育方式上达到化德树人，科学实施，使德育入心入脑。

第三，立德树人作为高等教育的根本任务，是高教战线开展的一场伟大的教育实践。立德树人不只是一个教育思想与理念，也不只是一个教育任务与目标，更不是一句空话、大话、套话，而是一场伟大的教育实践，立德树人是伟大的使命，只有通过努力奋斗才能完成；立德树人是崇高的目标，只有通过不懈拼搏才能达成。实践实干是实现立德树人根本任务的唯一途径，"空谈误国，实干兴邦"，空谈误校，实干兴教，空谈误人，实干兴业。立德树人就是号召高教战线的广大教育工作者，埋头实干，积极探索树人育人的规律，在坚持德育为先的同时，全面加强和改进智育、体育、美育；脚踏实地，全面实施素质教育，坚持文化知识学习与思想品德修养的统一、理论学习与社会实践的统一、全面发展与个性发展的统一，促进德、智、体、美的有机融合；拼搏进取，努力培养学生的社会责任感、创新精神和实践能力，提高学生综合素质，使之成为德智体美全面发展的社会主义建设者和接班人。①

五、立德树人的四大要点

立德树人事关中国特色社会主义高校的性质，事关我国高等教育发展的方向，事关人才培养的目标，需要找准着眼点、认清立足点、筑牢

① 张国民、郝志杰、李扬：《论立德树人是高等教育的根本任务》，《山西高等学校社会科学学报》2013年第6期。

支撑点、夯实发力点。

（一）立德树人的着眼点是树立共产主义理想与信念

立什么“德”是立德树人要解决的培养什么样的人、怎样培养人的根本问题和核心问题。如果不搞清楚这个问题，立德树人就容易流于空泛、失于模糊、偏于笼统。“德”，有小德，有大德，有私德，有公德。立德树人，要立的是大德，是公德，是社会主义核心价值观和中华传统美德，是共产主义理想与信念之德。

社会主义核心价值观，融国家层面的价值目标、社会层面的价值取向和个人层面的价值准则为一体，确立了立德树人的价值根据和价值标准，明确了新的历史时期“德”的科学内涵。培育和弘扬社会主义核心价值观，是新时期赋予立德树人的新要求新任务，也是新时期立德树人的必由之路。中华民族在几千年历史发展中形成的中华传统美德，是中华文化的精髓，是社会主义思想道德的民族基因，是社会主义核心价值观的重要源泉。因此，加强中华优秀传统文化教育，是弘扬和培育社会主义核心价值观的题中之义。将继承和弘扬以讲仁爱、重民本、守诚信、崇正义、尚和合、求大同为基本内容的中华优秀传统文化，系统、科学地融入德育课教学，是学校德育课创新的一个重要着力点和关键点。立共产主义之德，就要以为共产主义奋斗为基础，在调整人们的行为关系时，坚持个人利益服从无产阶级的根本利益，就要时刻忠于共产主义事业。忠于共产主义事业，又以坚定共产主义信仰为基础。只有具有矢志不渝的共产主义信仰，才能有全心全意为人民服务的决心，才能有以集体主义为原则的意志，才能有“为国家尽忠，为民族尽孝”的觉悟。坚定的共产主义信仰，又建立在马克思主义是真理的认知上。立共产主义之德，不是忽略社会成员道德水平的层次性，也不是什么“人为的拔高”，而是体现发展趋势、表明立德导向之举。

社会主义大学立德树人，就是要“千教万教教人求真，千学万学学做真人”，以马克思主义理论统领人文社会科学的发展，以马克思主义、共产主义科学理论为学生一生发展奠定科学的思想基础。

（二）立德树人的立足点是历史、文化和国情

独特的历史是立德树人的底气，中国作为世界上独一无二的历史悠久的“文明型国家”，“立德”在中华民族血脉传承中的作用无可替代，它支撑了中华民族由小到大、由弱到强并赋予了她浩然正气和蓬勃朝气。

独特的文化是立德树人的底蕴，中国特色社会主义高校立德树人，要汲取中国独特的文化涵养。张载有云：“为天地立心，为生民立命，为往圣继绝学，为万世开太平。”当代高校的立德树人，就是要培养学生揭示和遵循事物发展的客观规律性，站在人民群众的立场上，不断把追求真理的事业推向前进，为民族和人类持续地作出更大贡献。

独特的国情是立德树人的底线，中国特色社会主义高校立德树人，要尊重中国独特的国情基础。中国特色社会主义进入了新时代，这是我国发展新的历史方位。我国社会主要矛盾已经转化为人民日益增长的美好生活需要和不平衡不充分的发展之间的矛盾。我国仍处于并将长期处于社会主义初级阶段的基本国情没有变，我国是世界最大发展中国家的国际地位没有变，这决定了立德树人的时代使命。这三个“独特”是中国特色社会主义高校立德树人的现实境遇。

（三）立德树人的支撑点是课程之间的协同效应

高校课堂是立德树人的主要阵地，而课程建设则是立德树人的主要载体。

要通过课程建设收到立德树人的实效，就要将课程之间的协同效应作为支撑点。习近平总书记强调，各门课都要守好一段渠、种好责任田，使各类课程与思想政治理论课同向同行，形成协同效应。毋庸讳言，长期以来存在一种误区，认为负有对学生进行思想政治教育责任的课程仅仅是思想政治理论课，专业课建设对于思想政治工作则是事不关己高高挂起，乃至排斥、冲击思想政治教育，不但无法与思想政治理论课形成合力，甚至于造成反力。要使各类课程与思想政治理论课形成立德树人的协同效应，不但事关哲学社会科学类课程，而且事关自然科学类课程。对于哲学社会科学类课程来说，就是要用马克思主义基本立场、观点、方法这把尺子来衡量各门课程的建设情况，在意识形态问题上决不允许“跑冒滴漏”。对于自然科学类课程来说，则应注意体现马克思主义世界观，彰显立德树人中的真理力量。除了各类课程与思想政治理论课的协同关系，思想政治理论课内部的协同也值得重视。在思想政治理论课内部，就阶段协同来说，本科生和研究生阶段各开设数门思想政治理论课程，如何衔接好同一阶段的不同课程，使之构成完整体系，如何衔接好不同阶段思想政治理论课，达到“步步高、步步深”的教学目标，都是亟须研究的问题。就内容协同来说，思想政治理论课又涉及原理与方法论的协同，理论与实际的协同，历史与现实的协同，世界观、人生观、价值观、政治观、道德观、法治观等具体内容之间的协同。只有将各类课程与思想政治理论课之间、思想政治理论课内部各种要素之间的关系都厘清理顺，才能筑牢中国特色社会主义高校立德树人的支撑点。

（四）立德树人的发力点是旗帜鲜明与润物无声的有机统一

旗帜鲜明与润物无声不但不矛盾，而且互为依托。旗帜鲜明，就是要形成声势、造成影响，而不是哗众取宠、做表面文章；润物无声，就是要潜移默化、久久为功，而不是畏首畏尾、三缄其口。达到旗帜鲜明与润物无声有机统一的关键，在于坚持中国特色社会主义道路自信、理论自信、制度自信、文化自信，这是改变“在有的领域中马克思主义被边缘化、空泛化、标签化，在一些学科中‘失语’、教材中‘失踪’、论坛上‘失声’”现象的基础和前提。

多年来，我们一直致力于批评和反对“轰轰烈烈搞形式，扎扎实实走过场”，注重立德树人的受众感知和实际效果。同时也要注意，提倡人文关怀，将立德树人落细落实，并不等同于不敢亮旗、不愿发声，更不是搞万籁俱寂、万马齐喑。立德树人应当旗帜鲜明地讲、大张旗鼓地讲，同时注意以理服人、以情动人，重要理论透彻宣讲、重大问题反复研讨、重大时事持续跟进、重点效果及时巩固。在立德树人的形式上，课堂讲授、学生讨论、课后阅读、表演展示等相互结合、灵活运用，传统教学形式与现代教学形式如慕课、微课等相得益彰，而不是顾此失彼，只有这样才能真正发挥出真理征服力、人格吸引力、语言感染力、艺术塑造力。思想政治工作者要热心帮助学生的学习、细致关怀学生的生活、敏锐关注学生的思想、倾情关爱学生的人格，把全方位立德、全过程树人落到实处。[①]

六、影响立德树人目标实现的主要因素

高校立德树人目标的实现，受教育要素的影响和制约。就高校来说，主要的教育要素归结为教育者、教育内容、教育媒介、受教育者四个部分。各教育要素彼此联系又相互独立，有各自的目标要求和规律特点。教育者包括学校各级管理者、专业教师、服务人员等，施教主体对立德

① 王学俭:《立德树人是中国特色社会主义大学立身之本》,《光明日报》2017年2月1日。

树人目标的实现具有主导性作用。教育内容主要包括人才培养方案、课程设置、实验与实践教学等方面，对人才培养的规格、层次、质量能否适合社会需求起着重要作用。教育媒介是教育活动得以顺利开展的重要保障，对立德树人目标的实现具有基础性和导向性作用。受教育者（学生）是各教育要素的核心，是高校得以存在和发展基本的和最重要的因素。教育者、教育内容和教育媒介的作用发挥，旨在服务受教育者。

高校各教育要素与立德树人目标的实现密切相关。受高校办学理念、办学目标及人才培养目标定位、质量标准、师资队伍状况、管理水平以及学校办学外部环境等因素的影响，导致各教育要素作用在高校办学过程中不能充分发挥，影响了立德树人目标的实现。

第一，高校评价标准偏差影响教育资源配置。人才培养质量是高校办学质量的核心标志。在现行的高校评价体系中，由于缺乏对高校人才培养质量科学有效的评价手段，往往偏重于以重点学科和重点实验室、办学规模和办学装备条件等易于量化的指标衡量一所大学的办学实力和水平，弱化了高校人才培养亦即毕业生质量这一基本的也是最重要的衡量标准。这一方面容易导致高校过度追求规模，注重硬件建设，关注所谓“标志性成果”，办学的功利化倾向等；另一方面造成了教育培养环节部分存在忽略教育的本义即“全人的培养”，忽视学生品德、知识、能力的有机融合，忽视教育教学改革与人才培养特色等，从而影响了管理者对教育教学的关注度和资源配置。

第二，教师评价标准偏差影响教师教学精力投入。课堂教学仍然是高校人才培养的主要形式，教师作为学校教育教学任务的具体承担者，对学生思想品德、专业学习能力的影响至关重要。一个教师称职不称职、优秀不优秀，考核评价的主要依据应该与其承担的主要任务相一致。目前对教师教学质量的评价不够科学，主要表现在对教师课堂教学质量评价的组织不够严谨，指标设计不尽科学，尤其对教师教书育人方面的要求体现不够，造成教师之间只有教学工作量的差别，质的区分度不高。教师教学精力投入不足，师生交流不足，毫无疑问会影响教育教学质量。

第三，学生评价标准偏差影响学生全面发展。立德树人作为高校的根本任务，体现在人才培养目标定位上，就是培养学生具有良好的思想品德、扎实的专业基础、较强的职业能力和社会适应性。但由于高校缺乏统一的、科学规范的学生评价标准，从而无法对毕业生品德、素质、学业、能力等做出准确评价，用人单位也没有可依据的权威评价对毕业生任用做出准确判断，造成选人用人过程中过分看重学历、毕业学校的现象，反过来也会对在校学生产生不良影响。科学的学生评价标准以及由此而形成的人才培养环境和价值导向对人才培养目标的实现具有很大的影响。

第四，高校内部对各部门、单位工作评价标准偏差影响立德树人工作效能。高校作为教育机构，其全部职能都是为了教育目标的实现。作为学校有机组成部分的各个部门、单位，教职员工工作分工虽然不同，但都负有育人的责任。不少高校内部对各部门、单位工作的评价往往就事论事，单纯从技术层面评价部门单位工作任务完成的情况，忽略其背后“人”的因素。

受此影响，高校的有些职能部门、单位对立德树人这一根本任务理解不深、关注不够，教书育人、管理育人、服务育人的意识不够强，全员育人、全过程育人、全方位育人的工作机制尚不完善。

七、围绕立德树人根本任务建立科学的工作机制

高校教育目标的达成需要各教育要素的有机结合，效能发挥最大化。围绕立德树人根本任务实现，需要建立科学的工作机制，将高校各教育要素按照教育及人才成长的内在逻辑紧密结合，形成相互支撑、合理分布的制度框架，在这个框架内，各教育要素才能够充分发挥作用，实现教育效能最大化。

第一，以立德树人根本任务实现为目标规范高校办学质量评价。其一，要制定高校办学质量评价标准，建立科学的高校评价体系。在这个评价体系中，要充分反映立德树人作为高校根本任务在整个评价体系中的突出地位和影响力，在各个具体考核指标设计、观测点设定、权重取舍上体现导向性。其二，高校办学质量评价要体现分类管理的原则，引导有着不同办学目标、办学层次、人才培养目标、办学特色的高校合理定位，特色发展。其三，建立健全高校办学质量标准和相关保障体系。在国家层面，应以法规文件的形式制定各类层次高校的教育质量的最低标准，建立高等教育质量认证制度。在教育主管部门层面，应制定高等教育质量标准细则。在高校层面，应完善学校内部教育质量监控体系，建立健全校、院两级教学质量管理体系和制度体系。其四，要把教学、科研、学科建设、服务社会、队伍建设等要素对人才培养的贡献度纳入质量评价标准，并将毕业生质量在高校办学质量评价指标体系中占适当权重。

第二，以学生为中心优化配置教育资源。以学生为中心配置教育资源既是一种先进的教育理念，也是教育实践证明有效的资源配置方法。其一，政府要发挥好在教育资源配置中的主导作用。要形成一种“讲资源利用效率、讲办学质量”的资源配置导向，在资源配置方面引导高校在内涵发展、质量提升、着力提高人才培养质量上下功夫。其二，高校

要紧紧围绕立德树人根本任务，统筹规划、突出重点，在关乎人才培养质量的关键环节，譬如师资水平、教学实验条件、学术及科技创新平台等方面以及学生思想品德教育、实践锻炼、素质拓展、能力提升等工作环节舍得投入，舍得下功夫。其三，要结合学生学业发展、身心健康、学习生活等方面的需要，优化资源配置，最大限度地满足学生成长成才和发展需要。

第三，以立德树人为职业标准建立教师工作制度。高校办学就是“治学”和“育人”，而集“治学”和“育人”于一身的是教师。立德树人作为高校的根本任务，既是国家赋予教师的神圣使命，也是教师的岗位要求。在国家层面建立教师工作制度，对教师在教育教学、人才培养过程中的权利、义务、责任做出规定，使教师能够清晰把握岗位职责中的“治学”和“育人”责任。教师工作制度还应在教师的职业条件、职业素养、业务能力、考核晋升机制等方面做出规定，使广大教师全面理解、认真履行教书育人的责任。要特别重视和加强对青年教师的思想引导，提高青年教师的思想政治素质、学术水平和业务能力，激励青年教师爱岗敬业，以高尚师德、人格魅力、学识风范教育感染学生，在立德树人的神圣事业中实现自身价值。

第四，以学生成长成才为中心构建学生教育管理服务体系。构建一体化学生教育管理服务体系，建立和依托一体化公共管理平台，整合学校相关人力、政策、信息资源，对学生进行思想引领、学业帮助、发展支持、权益维护等多方面的支持和帮助，实现学生教育、管理、服务三项职能的有机结合。学生教育管理服务体系建设一方面会有效地提升学校管理效能，高效率地服务学生学习生活，为学生成长成才提供及时有效的帮助；另一方面能够有力地促进学校各职能部门、广大教职员工管理育人、服务育人的自觉性、主动性，营建全员育人、全过程育人、全方位育人的良好环境；同时也会进一步增强学生对学校的认同感、归属感，对于及时化解校园矛盾，保持学校安全稳定、建设和谐校园具有积极的作用。

第五，以大学社会功能充分释放为目的完善高校社会评价反馈机制。社会评价对高校办学具有重要的影响，对于大学社会功能发挥具有激励和引导作用。现阶段，要积极探索建立政府主导评估、社会机构参与评估、高校自主评估相结合的多渠道评估体系，建立并逐步规范社会评价反馈机制，使高校人才培养更好地遵从社会需求导向，更好地服务于经济社会发展。着眼高等教育长远发展，最终实现高等教育的“管、办、评”分离，政府引导和监督高校，高校自主办学，社会机构独立对高校进行评估，从而建立起与现代大学制度相适应的、规范科学的社会评价反馈机制。需要特别指出的是，无论对大学的何种评价，都应当把人才培养、毕业生质量、用人单位评价、毕业生对母校评价等“人”的因素放在更重要的位置，因为对一所大学来说，重要的是“人”，不是“物”。

第六，以学生自我教育、自我管理、自我服务为路径，激励学生全面发展、个性成长。教育的最大价值在于激发受教育者的潜能。立德树人根本任务的实现有赖于受教育者主体作用的发挥、内在活力的激发。高校办学的目的是教育学生、发展学生，那么在高校办学过程中，就要尊重学生、关心学生。要建立和完善学生参与学校民主管理的规章制度，让学生在行使民主权利的同时，接受民主与法制精神的熏陶，承担学校发展的共同责任。要充分利用学生社团、学生社区、学生班集体等学生活动平台，创造条件，提供机会，让学生挥洒激情、张扬个性、发挥特长、展示才艺。让学生在自我教育、自我管理、自我服务中锤炼思想、提升素质、增长才干，这既是人才培养规律的必然要求，也是高校立德树人的目的所在。[①]

创新案例

天津大学：着力构建研究生导师立德树人工作体系

天津大学深入学习贯彻习近平新时代中国特色社会主义思想，落实全国教育大会和全国高校思想政治工作会议精神，采取多项举措，打造“四有”工作体系，着力提升研究生导师立德树人工作实效。

完善制度机制，让导师心里“有根弦”。加强师德建设，以“忠诚不倦、业务精湛、挚爱学生、率先垂范”为师德标准，落实导师是研究生培养第一责任人责任。划清师德底线，制定关于进一步加强教师思想政治工作的意见、教师师德考核实施办法、教师师德失范行为处理办法等文件，在教师招聘、人才引进、职称评聘、导师遴选等各项工作中，坚持实施师德“一票否决制”。细化工作指标，印发研究生指导教师岗位职责暂行规定、关于全面落实研究生导师立德树人职责的实施意见，完善导师岗位培训制度，加强对新任导师落实立德树人职责有关培训，增强导师育人责任意识和能力水平。编发《导与学 师与生——导师育人工作图册》，提升导师在导学关系优化、导学沟通、心理疏导、实验室文化建设等工作中的能力和技巧。完善评价体系，明确工作导向，学校、学院层面将研究生导师立德树人履职情况纳入研究生培养评价体系，增强导

① 谭秀森：《论高校立德树人根本任务的实现机制》，《思想教育研究》2013 年第 11 期。

师工作主动性和积极性。

搭建工作载体，让导师育人“有平台”。从导师和学生需求入手，丰富导师开展思想政治工作的载体和平台。开展“教书育人、管理育人和服务育人先进个人”“我心目中的好导师”评选活动，选树一批品德高尚、学术精湛、育人有方的优秀导师典型。通过研究生评奖评优、实验室挂牌、宣传栏宣传等形式，增强导师荣誉感和责任感。开展研究生实验室文化月活动，举办活力实验室评选、实验室师生趣味运动会、师生篮球赛、师生读书日、实验室照片征集展览等，优化导学关系。优化研究生教育管理程序和内容，将导师评价、导师参与作为重要环节纳入工作流程，提升导师参与程度和参与效果。建立以课题组党支部为核心的研究生管理和素质培养机制，选拔优秀党员导师担任研究生党支部指导教师或联系人，参与指导研究生党建工作，将思想政治工作贯穿导师教育教学全过程。

推动合力育人，让导师工作“有底气”。协调各方资源，加强部门协同、校院联动、人员协作，营造合力育人良好氛围，让导师工作有支持、“有底气”。协调研究生院、学工部、教师工作部，通过定期座谈、大型活动合办等机制，建立组织、管理、支持系统。在学校统一指导下，各学院结合自身特点，通过细化工作指标、强化日常管理考核等，逐步推行落实导师立德树人职责。开展“引渠工程”——辅导员与导师交流“四个一”，包括“一次问候”“一次汇报”“一次拜访”“一次活动”，鼓励辅导员主动与导师沟通学生日常学习和思想状况。开展导师与辅导员“面对面”、青年导师与辅导员交流沙龙，建立情感联系，及时解决研究生在成长发展中遇到的各种问题，形成导师与辅导员互通有无、深度合作的工作机制。

注重典型宣传，让导师身边“有榜样”。注重典型人物宣传，以座谈会、报告会、录制视频、橱窗展览等方式，宣传学习老教授高尚师德。组织青年教师代表、新聘博士生导师代表等，参加“我心目中的十佳好导师”颁奖典礼，现场讲述、聆听好导师育人故事。各学院结合工作实际，探索多项具有学院特色的导师立德树人工作载体。化工学院定期组织辅导员走访实验室，与导师沟通学生科研，了解学生思想动态。微电子学院编写研究生导师立德树人工作实操手册。精密仪器与光电子工程学院实施党支部导师制，为研究生党支部选聘支部导师，指导研究生党支部开展教育活动，实现党建工作与教学科研紧密结合、教书与育人有机统一。

（来源：天津大学，2019 年 4 月 12 日）

第四章

加强党对高校工作的领导

高校党建是党的建设新的伟大工程的重要组成部分，是中国特色社会主义教育事业的灵魂。只有牢牢掌握党对高校工作的领导权，才能保证高校正确办学方向，掌握高校思想政治工作主导权，保证高校始终成为培养社会主义事业建设者和接班人的坚强阵地。

一、坚持党的领导的理论依据

坚持党的全面领导是当代中国最高政治原则，维护党中央权威和集中统一领导，关系到党和国家的前途命运。从实践和科学判断的角度来看，中国共产党对一切工作的领导是历史的、正确的、长远的。我国高校，坚持党的领导的理论依据在于以下几点。

第一，历史依据。坚持党对高校的领导反映了改革开放历史进程中变革与发展的时代风貌，是新时期我国高等教育改革探索实践的必然且正确的抉择。改革开放是新时期最鲜明的时代特征，这一历史进程中的任何事物必然体现着变革与发展的时代风貌，这同样深深体现在高校党的领导的探索实践中。高校实现党领导的根本体现即“党委领导下的校长负责制”。1978 年，教育部重新修订的《全国重点高等学校暂行工作条例》（试行草案）规定 ：“高等学校的领导体制，是党委领导下的校长分工负责制，党委对学校工作实行统一领导，校长是国家任命的学校行政负责人，对外代表学校，对内主持学校的经常工作。”1985 年 5 月《中共中央关于教育体制改革的决定》中规定 ：“学校逐步实行校长负责制，有条件的学校要设立由校长主持的、人数不多的、有威信的校务委员会，作为审议机构。”随着部分高校改革试点展开，由于存在着认识的片面，在具体操作中出现极端化的现象，出现以“党政分工”而淡化高校党的领导一面。经历了几年改革的实践检验，从 1989 年 7 月到 1990 年，“党委领导下的校长负责制”被正式确定下来。实践是检验真理的唯一标准。党委领导下的校长负责制是中国共产党创办高等教育的成功经验，是中国特色社会主义大学的根本制度，必须毫不动摇、长期坚持并不断改革完善。党的十八大以来，以习近平同志为核心的党中央审时度势、高瞻远瞩，将保障中国特色社会主义事业后继有人的高校工作作为一项重大战略任务，突出强调了党对高校工作的领导，要求“办好我国高等教育，必须坚持党的领导，牢牢掌握党对高校工作的领导权，使高校成为坚持党的领导的坚强阵地”。2018 年 9 月，习近平总书记在全国教育大会上指出：“加强党对教育工作的全面领导，是办好教育的根本保证。”新时代下，高等教育领域要贯彻习近平总书记关于“坚持党对教育事业的全面领导”的重要精神，深刻理解党对高校全面领导的科学内涵和实践要求。

第二，法理依据。坚持党对高校的领导遵循了中国特色政治文明建设的主旋律，其法理依据在改革建设中从党内法规上升为国家意志而不断形成、完善。依法治国是党领导人民治理国家的基本方略，是中国特色社会主义政治文明建设的重要目标和必然要求。厘清高等教育发展脉络，正是遵循了依法治国的主旋律。1990 年 4 月经中共中央批准，中共中央组织部、中共中央宣传部和国家教委党组三部委召开了新时期第一次全国高等学校党建工作会议，这样一个大规模的专门研究高等学校党的建设的工作会议，在中华人民共和国成立以来还是第一次。会议从反对和平演变，培养社会主义事业的建设者和接班人的战略高度出发，总结改革开放以来高校党建工作的经验教训，解决高校党建工作中一些亟待解决的问题，明确指出，“坚持党的领导，加强高校党的建设，是办好中国特色的社会主义大学的根本保证”，“坚持高校党委的领导地位，加强领导班子建设，保证领导权掌握在忠于马克思主义的人手中”。在这次会议指导下，高校党的建设工作和思想政治工作从中央政策中一系列的党内法规到各地各高校具体的基层行动都有了新的进展，高校实行党委领导下的校长负责制得到普遍赞成，原实行校长负责制的高校从130余所减少到不足40所。1999年1月开始实行的《中华人民共和国高等教育法》第39条明确规定："国家举办的高等学校实行中国共产党高等学校基层委员会领导下的校长负责制。中国共产党高等学校基层委员会按照中国共产党章程和有关规定，统一领导学校工作，支持校长独立负责地行使职权。"党对高校的领导以国家法律形式确定，从党内法规上升为国家意志。

第三，哲学依据。坚持党对高校的领导体现了我国高等教育办学特色规律和普遍规律的有机结合，是高校保持稳定发展的辩证统一的科学运行机制的保障。"党委领导下的校长负责制"是党委领导制与校长负责制有机结合的制度。从这一制度的两个组成部分的地位和职责来看，体现了党的集体领导原则和高校管理科学分工的普遍要求；从相互联系来看，体现了辩证统一的科学运行机制。党委是学校的最高领导核心，主要是政治领导、思想领导和组织领导。其职责重在决策，负有对学校建设发展的重大问题决策的责任；实行集体领导制度，坚持党的民主集中制原则，以保证学校重大问题和重要事项决策的正确性。校长在党委领导下执行党委的集体决定，全面主持学校的行政工作。其职责重在执行，用行政方式在教学、科研、管理等方面总体部署，以保证将党委决策变成学校意志，落到实处。有的高校用"四分四合"来概括这一制度所体现的决策与执行之间定位明确而又辩证统一关系，并得到一些研究者的赞同。"在工作职能上分，在工作目标上合；在工作职责上分，在工作指导思想上合；在一般工作上分，在重大问题上合；在工作制度上分，在工作关系上合。"实践证明，辩证统一的科学运行机制，使党委和行政两个组成部分的功能得到了最有效发挥，保证了党对高校的领导，保证了高校的教育教学活动，保证了高校进入持续、健康、快速发展的轨道。

第四，时代要求。高等教育是民族发展的灵魂，是文化传承的脉络，是科技创新的依托，是社会前进的动力。党的十九大报告指出，经过长期努力，中国特色社会主义进入了新时代，这是我国发展新的历史方位。新时代带来了发展新要求，作为高校，应始终“不忘初心、牢记使命”，在中国特色社会主义新时代中、在教育现代化征程中、在建设世界一流大学和一流学科的新征程中，主动担负起义不容辞的责任，实现为人民谋幸福，为民族谋复兴，为国家谋强盛的伟大梦想。习近平总书记指出，高校培养的人才是不是合格，首要的标准是思想政治素质是不是合格。随着改革的不断深化，人们思想活动呈现多样性、独立性等新的特点；市场经济的负面影响，给部分师生带来了价值观上的消极影响。高校需要在党的领导下，以中国特色社会主义理论体系和社会主义核心价值体系在多元思想、多元价值观活跃的环境中引领所培养人才的精神世界，使高校真正发挥培养青年人才的重大职能。随着对外开放的不断扩大，文化呈现出竞争激烈化，教育呈现出国际化、信息化的现象，这些使高校面临着机遇和挑战。在抓住文化交流、利用国外先进教育资源的同时，面对外来文化特别是西方文化的冲击和挑战，我们必须做好积极的准备。必须坚持党对高校的领导，增强政治敏锐性、鉴别力和责任感，以当代马克思主义中国化理论成果凝聚人心，引导价值取向，传承民族优秀文化，借鉴外来先进文化，创新并弘扬我国时代主流文化。

高等学校已经成为国家创新体系的重要组成部分。近年来，在我国科学技术和人文社会科学的创新研究成果中，来自高校的贡献始终占据相当可观的份额。我国高校的社会主义办学方向，决定其与国家、与民族、与社会的发展息息相关。“要全面落实人才培养、科学研究、社会服务、传承文明等重要任务”“推动高校事业发展与区域经济社会发展相互促进、良性互动”。高校要担负起建设创新型国家的重大责任与神圣使命，只有坚持党对高校的领导，才能保证高校事业与党、国家的事业同步，与时代发展同步。回顾新时期前进的步伐，我们党以解放思想、实事求是、与时俱进、求真务实的精神引领着国家走向富强、民族走向复兴的伟大事业，成功实现了马克思主义在当代中国的新发展。在领导我国高等教育发展过程中，也始终坚持着把马克思主义基本原理与我国国情相结合，积极探索党对高校领导的科学性和实效性，体现着中国高等教育的特质属性，体现着中国高等教育遵循的办学方向、办学规律和科学发展目标，为高校改革、发展与稳定提供了坚强的思想、政治和组织保证。①

二、坚持党的领导基本原则

中国共产党在中国人民革命和建设事业中居于领导核心地位、发挥领导核心作用，是历史赋予马克思主义政党使命的必然要求。党的十九大提出新时代党的建设总要求，即坚持和加强党的全面领导，坚持党要管党、全面从严治党，以加强党的长期执政能力建设、先进性和纯洁性建设为主线，以党的政治建设为统领，以坚定理想信念宗旨为根基，以调动全党积极性、主动性、创造性为着力点，全面推进党的政治建设、思想建设、组织建设、作风建设、纪律建设，把制度建设贯穿其中，深

① 李仁华：《坚持党对高校领导的理性思考》，《学理论》2012 年第 7 期。

入推进反腐败斗争，不断提高党的建设质量，把党建设成为始终走在时代前列、人民衷心拥护、勇于自我革命、经得起各种风浪考验、朝气蓬勃的马克思主义执政党。总要求开宗明义提出要“坚持和加强党的全面领导”，指明了新时代党的建设的目的和根本原则，党的领导是战胜一切困难和风险的“定海神针”，党的领导必须是全面的、整体的，哪个领域、哪个方面、哪个环节缺失了弱化了，都会削弱党的力量，损害党和人民事业。

党政军民学，东西南北中，党是领导一切的。中国近代以后到新中国成立之前一百多年历史充分证明，没有中国共产党领导，就毫无出路，就会四分五裂、一盘散沙、天下大乱，民族复兴必然是空想。党兴则国强，党衰则国弱。党的十八大以来，针对党的领导被忽视、淡化、弱化的状况，以习近平同志为核心的党中央果断提出坚持和改善党的领导的重大政治要求，改革和完善坚持党的领导的体制机制，着力提高党把方向、谋大局、定政策、促改革的能力和定力，增强了全党思想上统一、政治上团结、行动上一致。事实告诉我们也警示我们，党是最高政治领导力量，是我国政治稳定、经济发展、民族团结、社会稳定的根本点。我们必须毫不动摇坚持和加强党的全面领导，坚决维护以习近平同志为核心的党中央权威和集中统一领导，确保我们党团结带领人民有效应对重大挑战、抵御重大风险、克服重大阻力、解决重大矛盾，不断从胜利走向新的胜利。

党的十九大对新时代坚持“党是领导一切的”原则的科学内涵作了原则性、指导性阐述。根据大会政治报告的精神，在新时代坚持党的领导：一是全党必须增强政治意识、大局意识、核心意识、看齐意识，自觉维护党中央权威和集中统一领导，自觉在思想上政治上行动上同党中央保持高度一致；二是党的领导体制机制需要在实践中不断完善，即坚持稳中求进的工作总基调，统筹推进“五位一体”总体布局，协调推进“四个全面”战略布局；三是党的领导具体体现在“把方向、谋大局、定政策、促改革”方面，党需要不断提高这些方面的能力和定力。这样才能确保党始终总揽全局、协调各方，发挥“党是领导一切的”领导核心作用。

党的十九大展示了中国共产党领导全国人民实现中华民族复兴的伟大梦想，即从现在到 2020 年，是全面建成小康社会决胜期；从 2020 年到 2035 年，在全面建成小康社会的基础上，再奋斗 15 年，基本实现社会主义现代化；从 2035 年到本世纪中叶，在基本实现现代化的基础上，再奋斗 15 年，把我国建成富强民主文明和谐美丽的社会主义现代化强国。习近平同志同时严肃指出：“中华民族伟大复兴，绝不是轻轻松松、敲锣打鼓就能实现的。”其间必然要经历具有许多新的历史特点的“伟大斗争”。其中，“坚持党的领导和我国社会主义制度，坚决反对一切削弱、歪曲、否定党的领导和我国社会主义制度的言行”是首要的斗争任务。这就要求我们：第一，认真学习马克思主义政治理论、政党学说，特别是学深悟透习近平新时代中国特色社会主义思想中“党的领导”“党的建设”的新理念新思想新战略；第二，认真研究中国近代政党政治发展逻辑，特别是从中国共产党 90 多年的奋斗史中，深化对“没有共产党，就没有新中国”，没有共产党的领导中国就无法实现现代化，没有共产党的领导中华民族就无法实现伟大复兴等根本问题的认识；第三，在新旧对比、中外对比、境内外对比的现实基础上，深化对“四个自信”的理论认识，进而形成中国共产党充分的“政党自信”自觉；第四，灵活运用思想理论、党内法规、宪法法律武器，同一切嘲讽、诋毁、否定“党是领导一切的”言行作不懈的斗争。[①]

三、牢牢掌握党对高校工作的领导权

“办好我国高等教育，必须坚持党的领导，牢牢掌握党对高校工作的领导权，使高校成为坚持党的领导的坚强阵地。”习近平总书记在全国高校思想政治工作会议上的重要讲话为新时期高校党建工作确立了宗旨，明确了方向。高校党建是党的建设新的伟大工程的重要组成部分，是中国特色社会主义教育事业的灵魂。只有牢牢掌握党对高校工作的领导权，才能保证高校正确办学方向，掌握高校思想政治工作主导权，保证高校始终成为培养社会主义事业建设者和接班人的坚强阵地。

第一，加强党对高校的领导，要牢牢把握高校意识形态工作领导权。当前，国际意识形态较量扑朔迷离，而高校身处风口浪尖，一方面要积极展开人文交流，另一方面要主动抵御敌对势力渗透，以主动权赢取话语权。能否牢牢把握高校意识形态工作领导权，是衡量高校党建的重要标尺。牢牢把握，就要做到管理无真空，统筹校内校外、网上网下、课内课外各种资源，构建学校、社会、家庭联动，党政工团齐抓共管，教学、科研、管理、服务共同育人的高校意识形态工作大格局。

第二，加强党对高校的领导，要确保高校党委对管党治党、办学治校的主体责任。高校党委全面领导学校各项工作，把方向、管大局、作决策、保落实。在党委统一领导下，重点推进高校党的政治建设、思想建设、组织建设、作风建设、纪律建设、制度建设，在理念创新、手段创新、基层工作创新上积极拓展思路，全面提升高校党建科学化水平。

① 杨德山：《坚持“党是领导一切的”基本原则》，《中国教育报》2017 年 12 月 7 日。

作为高校党委的核心，书记、校长要坚守意识形态工作第一线，以第一责任人的担当，守土有责、守土负责、守土尽责。书记、校长要不断提高思想政治素质和办学治校能力，讲政治、懂教育、善团结、敢担当。

第三，加强党对高校的领导，要坚持和完善党委领导下的校长负责制。党委领导下的校长负责制是中国特色社会主义大学制度的核心内容，是党对高校领导的充分体现。党委领导为校长负责提供必要前提，校长负责为党委领导提供充分保障。以明确同一个目标、坚持同一个根本制度、完成同一个总任务为前提，高校要切实把握“集体领导、党政合作、科学决策”三个关键点，充分实现领导班子成员自觉履行“一岗双责”，严格规范“三重一大”事项的决策程序。党委领导下的校长负责制可助力书记、校长站在改革前沿，带头为推动高等教育领域综合改革举措落到实处作出表率。

第四，加强党对高校的领导，要加强高校党的基层组织建设。基层组织是党的生命力、凝聚力、战斗力与创造力的不竭源泉。作为基层治理的重要载体，高校基层党的建设要积极创新体制机制，改进工作方式，坚持“高校党委、院（系）党组织、基层党支部”三级联动，推动落实党内生活制度化、常态化、人性化，把党组织建在教学团队中、建在科研团队中、建在学生社团中、建在互联网上，使师生党员都做到在党爱党、在党言党、在党为党。各级党组织书记尤其要加强同高校知识分子的联系，善交朋友、广交朋友、深交朋友，多听他们的意见。高校基层组织有效发挥战斗堡垒作用，可以保证高校始终成为培养社会主义事业建设者和接班人的坚强阵地。

第五，加强党对高校的领导，要切实把党要管党、全面从严治党落到实处。高校各级党委要坚持党管干部原则，坚持正确用人导向，以党章为根本遵循、以党纪为基本准绳，利剑高悬，让铁规发力、让禁令生威。高校各级领导干部要心有所畏、言有所戒、行有所止。全面从严治党，就必须增强管党治党意识、落实管党治党责任，用好党内监督“利器”，发挥巡视“利剑”作用，做到有责必问、有责必查、有责必究，坚持纪严于法、纪在法前。[①]

四、坚持党委领导下的校长负责制

为切实加强党在高校的执政能力建设，提高党的领导水平和执政水平，中共中央在《中国共产党普通高等学校基层组织工作条例》中明确规定：“高等学校实行党委领导下的校长负责制。”《中华人民共和国高等教育法》对高等学校的领导体制又作出了法律规定：“国家举办的高等学校实行中国共产党高等学校基层委员会领导下的校长负责制。”这是对新中国成立以来高校领导体制变化的科学总结，也是符合中国国情的正确抉择。

什么是党委领导下的校长负责制？党委领导下的校长负责制就是集体领导和个人分工负责相结合的制度。它是集体领导与个人分工负责相结合的一种科学的领导体制，是对立统一规律在领导体制上的体现。集体领导与个人分工负责是既相区别又相依存的有机统一体。这种统一表现为管理目标的统一、决策思想的统一、工作部署的统一、工作步调的统一。它们的区别在于：集体领导主要是对重大问题的决策而言，即重大问题的决策权属于党委集体；个人分工负责主要是对集体决策的实施而言，即集体决策的内容，按照领导班子成员的责权范围，由个人负责

① 《牢牢掌握党对高校工作的领导权》，《中国教育报》2016 年 12 月 15 日。

组织实施。党委领导主要是思想、政治和组织领导。党委领导是对学校政治方向的领导，不是对具体行政事务的包揽。按照《中国共产党普通高等学校基层组织工作条例》的规定，党委的主要职责是：宣传和执行党的路线方针政策，宣传和执行党中央、上级组织和本机组织的决议，坚持社会主义办学方向，依法治校，依靠全校师生员工推进学校科学发展，培养德智体美全面发展的中国特色社会主义事业合格建设者和可靠接班人；审议确定学校基本管理制度，讨论决定学校改革发展稳定以及教学、科研、行政管理中的重大事项；讨论决定学校内部组织机构的设置及其负责人的人选，按照干部管理权限，负责干部的选拔、教育、培养、考核和监督。加强领导班子建设、干部队伍建设和人才队伍建设；按照党要管党、全面从严治党的方针，加强学校党组织的政治建设、思想建设、组织建设、作风建设、纪律建设和制度建设。落实党建工作责任制。发挥学校基层党组织的战斗堡垒作用和党员的先锋模范作用；按照建设学习型党组织的要求，组织党员认真学习马克思列宁主义、毛泽东思想、邓小平理论、“三个代表”重要思想、科学发展观、习近平新时代中国特色社会主义思想，坚持用中国特色社会主义理论体系武装头脑，坚定走中国特色社会主义道路的信念。组织党员学习党的路线方针政策和决议，学习党的基本知识，学习科学、文化、法律和业务知识；领导学校的思想政治工作和德育工作，促进和谐校园建设；领导学校的工会、共青团、学生会等群团组织和教职工代表大会；做好统一战线工作。对学校内民主党派的基层组织实行政治领导，支持他们依照各自的章程开展活动。支持无党派人士等统一战线成员参加统一战线相关活动，发挥积极作用。

校长负责的实质是指校长及以校长为首的行政系统对党委负责，对贯彻落实党和国家的有关办学的方针政策、法律法规负责，对全校师生员工办好学校的共同的根本利益负责。校长要认真执行党委的决定，对教学、科研、行政、后勤等工作的组织实施全面负责。根据国家计划、结合校情，主持制定学校发展规划、学年工作计划、年度财务预算决算和基建计划，确保国家培养人才计划和科研任务的完成；根据国家和上级有关规定，主持制定重要机构和学科专业设置以及重要改革的方案，主持制定和修改学校各项规章制度；根据上级机关核定的总编制，主持制定学校各部门人员编制计划，按规定授予学位和评聘教学科研和管理人员的专业技术职务；加强师资队伍、行政管理干部队伍和后勤管理干部队伍建设，负责他们的业务进修培训，领导全校教职工进行教育改革，努力提高教学、科研和后勤管理水平，努力提高教育质量；对学生德智体美全面发展负责，通过教学、科研、行政、后勤管理，充分发挥教职工在教书育人、管理育人、服务育人和环境育人中的政治引导作用；主持制定招生计划和毕业分配方案；主持外事工作，按照有关规定积极开展对外学术交流与科研合作。

《关于深化新时代学校思想政治理论课改革创新的若干意见》指出，推动建立高校党委书记、校长带头抓思政课机制。加强和改进高校领导干部深入基层联系学生工作，推动高校领导干部兼任班主任等工作，建立健全高校党委书记、校长及职能部门力量深入一线了解学生思想动态、服务学生发展的制度性安排。高校党委书记、校长作为思政课建设第一责任人，要结合自身学科背景和工作经历，带头走进课堂听课讲课，带头推动思政课建设，带头联系思政课教师。高校党委常委会每学期至少召开一次会议专题研究思政课建设，高校党委书记、校长每学期至少给学生讲授四个课时思政课，高校领导班子其他成员每学期至少给学生讲授两个课时思政课，可重点讲授“形势与政策”课。开学典礼、毕业典礼讲话等要鲜明体现党的教育方针、积极传播马克思主义科学理论、弘扬社会主义核心价值观。要把思政课建设情况纳入学校党的建设工作考核、办学质量和学科建设评估标准体系。

五、扎实做好高校基层党建工作

加强和改进高校党建，提升党建工作质量和水平，是学习贯彻习近平新时代中国特色社会主义思想，落实党要管党、全面从严治党、统筹推进世界一流大学和一流学科建设的重要任务。全国高校思想政治工作会议召开后，特别是党的十九大以来，各地党委认真履行属地管理责任，高校党委认真落实主体责任，高校党建工作在改进中加强、在创新中发展。习近平总书记曾指出“加强党对高校的领导，加强和改进高校党的建设，是办好中国特色社会主义大学的根本保证”。作为党建工作的基石，高校基层党组织必须坚实稳固，才能发挥坚强战斗堡垒的作用。

（一）抓好高校基层党建要激发三个活力

近些年，各地高校坚持把基层党组织作为党的建设的重中之重，多措并举，不断推进政治建设、思想建设、组织建设、作风建设、纪律建设和制度建设，绝大部分基层党组织坚强有力，在教学、科研、管理等各项工作中的作用日益显现，但也存在着一些问题，如部分支部创新能力与意识不足、组织建设缺乏活力等。应对新形势下的问题和困难，各级党组织必须从执政能力建设的高度审视基层党组织工作，深入研究思考并指导实践，有效激发高校基层党组织的活力。

一是提升党务干部队伍活力。党务干部队伍的工作热情和素质直接关系基层党组织的活力。因此，必须要突出政治标准，坚持把政治素质放在首位，选准、配强党务干部，努力建设一支与新形势发展相适应的高素质党务工作者队伍，努力增强荣誉感、责任感和使命感。要切实处理好前途去向、竞争力提高等问题，有针对性地进行相关培训，着力提高实际工作能力；落实相应待遇，按时足额发放补贴、表彰奖励；像关心教学科研骨干的成长那样关心基层党组织负责人的成长等。只有全面激发党务干部的干事创业热情，不断提高政治能力、强化政治担当、压实政治责任，才能充分发挥其引领与示范作用。

二是增强工作机制活力。无论是基层党组织建设，还是党员教育管理、发展党员工作等，都必须用制度来保证。因此，加强统筹规划，加强党建精细化管理，建立科学严密、民主开放的制度体系尤为重要。如制订明确的工作职责和目标管理考核细则，建立合理的评价体系与党员评价标准，开展二级党委书记和党支部书记抓基层党建工作述职评议考核等。还可通过设立党员领导干部联系点、定期向群众通报、领导干部接待群众制度等，进一步加强作风建设，密切党组织与人民群众的联系，强化对基层党组织工作的业务指导和舆论引导，推进基层党组织建设全面进步、全面过硬。

三是激发党员队伍活力。创新是高校基层党组织的活力之源。高校教师、学生党员知识丰富、思想活跃，要增强党员教育的效果，就要不断创新形式、创新内容、创新方法，努力在“活”字上下功夫，积极寻找和创造能为广大党员接受的新形式，提高针对性和实效性。要充分运用丰富的教育资源，既坚持运用理论学习、报告会等行之有效的集中学习方式，又要注意从党员实际出发，通过主题党日、社会实践、帮教活动等生动的形式开展经常性教育。同时，还要抓好党员教育的网络建设，通过微党课、红色网站、微信公众号等途径创新党建新媒体建设，在抓常抓细抓长上下功夫，提升党员理论素养和综合素质。

（二）高校基层党组织须处理好三个关系

如何在实践中更好地发挥高校基层党组织的作用，不断增强高校基层党组织活力，还应注意处理好三个关系。

一是处理好基层党组织与行政组织的关系。院（系）党政联席办公会议制度、系（教研室）务会制度，是落实院系级领导的一种有效形式。凡是本院系重要工作都要由党政联席办公会议、系（教研室）务会研究决定。二级党委和党支部在参与讨论决策过程中，既要支持行政负责人在职责范围内独立负责开展工作，又要保证党和国家的方针政策及学校的各项决定在本院系有效贯彻执行。二级党委和党支部要根据工作的职责规定，努力做到依据学校和本院系中心工作来确定基层党组织工作重点，使基层党政工作思路同心、目标同向、有机结合、相互促进，实现基层党组织工作目标。

二是处理好院系级党政一把手的关系。二级党委书记和院长、系主任都是本院系工作的第一责任人，共同担负着贯彻落实党的路线方针政策和学校党委与行政决策部署的重要职责。因此，必须要细化党政职责，二级党委书记对党的建设，干部的选拔、培养、考核、监督以及思想政治工作等负总责；行政领导对教学、科研和后勤管理等负总责。还要增强党政一把手主动配合意识，做到密切配合、民主集中、互相尊重。特别是党政联席办公会议讨论重大事项前，党政一把手必须互相通气、互相磋商。当一方有不同意见时，可暂缓决策，通过进一步调查、论证和交换意见后再作决策。

三是党建与思想政治工作和业务工作的关系。领导本单位党建和思想政治工作，是院系党委的重要职责之一。党委必须要让党的工作融入中心工作，为师生解决实际问题。要努力寻找二者的结合点，坚持党的工作为中心工作服务、为师生服务，把党的工作更好融入中心工作、融入党员需求、融入群众关切。只有紧密结合党员和群众的思想与工作实际，不断加强党的政治建设、思想建设、组织建设、作风建设和纪律建设，把制度建设贯穿其中，工作才有抓手，活动才有平台，才能既规范了工作、解决了难题，又大大激发了工作热情，充分发挥和调动广大党员积极性，使党组织影响力和威信大大提高，也才能激发党建工作活力，始终走在时代前列。

新时代、新特点、新任务。习近平总书记强调要把基层党组织建设成为宣传党的主张、贯彻党的决定、领导基层治理、团结动员群众、推动改革发展的坚强战斗堡垒。如何有效提升高校基层党组织的活力，需要积极探索、不断丰富，更需要从高校实际出发，统筹谋划，协调推进，努力开创新路径。只有激发基层党组织的活力，才能全面增强基层党建工作的实效性和基层党组织在广大师生中的凝聚力、吸引力，不断开创新时代基层党建的新局面。①

创新案例

西南大学："六个精准发力"提升党建工作质量

西南大学坚持以习近平新时代中国特色社会主义思想为指导，落实新时代党的建设总要求，聚焦管党治党、全面从严治党，全面加强党的

① 李雪霞：《充分发挥高校基层党组织的作用》，《党建》2018 年第 6 期。

领导，切实提升党建工作质量。

聚焦政治建设统领精准发力。坚持把政治建设摆在首位，旗帜鲜明讲政治，严格执行《关于新形势下党内政治生活的若干准则》和《中共中央关于加强党的政治建设的意见》，自觉用“四个意识”导航、“四个自信”强基、“两个维护”铸魂，始终在政治立场、政治方向、政治原则、政治道路上同以习近平同志为核心的党中央保持高度一致。充分发挥法治和德治的重要作用，研制加强法治和德治工作责任清单。制定《关于营造良好政治生态的实施办法》，出台以“十带头、十不准”为主要内容的领导干部行为准则，开展政治生态问题专项整改，着力解决政治站位不高、政治风气不好、政治担当不够、选人用人公信不足、政治纪律不严等问题。深入开展爱校荣校专题教育活动，激发爱校之情、荣校之志、兴校之行；广泛开展“弘扬爱国奋斗精神、建功立业新时代”活动，引导广大师生自觉弘扬践行爱国奋斗精神，营造风清气正育人环境。

聚焦科学理论武装精准发力。坚持把深入学习贯彻习近平新时代中国特色社会主义思想作为首要政治任务和长期战略任务，作为党委常委会“首要议题”和领导班子成员“必修课”，常委会及时学，中心组系统学。通过校院（部）党委理论学习中心组学习、党组织“三会一课”、教职工政治理论学习等，组织全校干部师生深入学习贯彻习近平新时代中国特色社会主义思想和党的十九大精神，深入学习贯彻习近平总书记关于教育的重要论述，真正用习近平新时代中国特色社会主义思想武装头脑、指导实践、推动工作。充分利用新媒体等媒介，积极发挥思想政治学科优势，深入开展理论宣讲和研究阐释工作。设立思想政治理论课教学专题，校领导带头进行宣讲，举办“学习新思想千万师生同上一堂课”活动，全面推进习近平新时代中国特色社会主义思想进学术、进学科、进课程、进培训、进读本。

聚焦基层党建质量提升精准发力。抓住2019年教育系统“支部建设年”契机，以“支部对标提升计划”为总抓手，推进支部标准化、规范化建设，严格落实高校党建工作重点任务，提高基层党建工作质量，制定学院（部）党委会议事规则，修订学院（部）党政联席会议事规则，构建体系完整、内容完善的基层党建体系。建强党务工作干部队伍，实现所有党员院（部）长担任党委副书记，所有二级党组织配齐专职组织员。大力实施“对标争先”计划，推进支部标准化、规范化建设，着力提升基层党支部的组织力、感召力、引领力和执行力，入选教育部“双带头人”工作室、基层党组织书记案例各一项。落实教职工支部书记基础保障，实现教职工支部书记培训全覆盖，“双带头人”教师党支部书记占比超97%，按照“七有”标准落实“三会一课”制度，一个支部入选教育部党建“样板支部”，两个支部获得教育部“两学一做”风采奖。

聚焦抓牢作风建设精准发力。巩固拓展两轮巡视整改成果，唤醒和激励全校领导干部奋进状态。制定《关于加强和改进调查研究工作的实施意见》，出台党委理论学习中心组和校领导班子成员年度调查研究工作方案，围绕上级关心、师生关切、社会关注的问题深入开展调查研究，搞清学校事业发展的主要矛盾和矛盾的主要方面，搞准制约学校深化综合改革的体制机制障碍，搞透师生反映强烈的热点难点问题。按照教育部党组要求，深入抓好“查、改、评、树”活动，持续在常和长、严和实、深和细上下功夫，驰而不息纠正“四风”。严格执行中央八项规定及其实施细则，坚决防治享乐主义、奢靡之风，坚决反对特权思想、特权现象，坚决纠正行政化倾向严重、官本位氛围浓厚等形式主义、官僚主义问题。

聚焦党风廉政建设精准发力。始终保持永远在路上的执着和韧劲，认真落实全面从严治党“两个责任”，切实加强廉洁自律建设。召开全面从严治党暨党风廉政建设工作会，制定领导班子成员党风廉政建设责任分工，落实领导班子成员“一岗双责”。开展公务用车、公务接待、办公用房、群众身边的不正之风和腐败问题等专项整治。深化内部审计监督，对重点部位和关键环节开展行政监察，对领导干部开展廉政谈话，在重要节日期间发送廉政短信。

聚焦健全监督体系精准发力。对标党中央和教育部党组要求，强化责任落实、日常监督，完善监督体系。实现二级纪委设置全覆盖，规范权力运行机制，完善纪检工作体制，有效推进廉政风险防控。设置学校巡察办公室，开展校内巡察工作，已完成对体育学院、后勤集团两个二级党委的巡察。支持学校纪委转变监督方式、强化换位监督，变参与性监督为检查性监督，以“检查的再检查，监督的再监督”等方式，时刻紧盯招生考试、科研经费、国有资产、独立法人单位、所属企业、物资采购、基建项目、选人用人、师德师风、评审评比等重要部位和关键环节，开展经常性检查和专项检查。强化责任担当，突出“关键少数”，以坚持、完善和落实民主集中制为核心，旗帜鲜明地加强党内监督。学校纪委科学运用监督执纪“四种形态”，以批评教育为重点强化常态规诫，以纪律处分为保障强化惩戒震慑，以明晰责任为抓手强化贯彻落实。

（来源：西南大学，2019 年 7 月 2 日）

第五章

推进高校思想政治工作改革创新

改革创新是加强和改进高校思想政治工作的根本动力，也是高等教育事业发展的根本动力，要在根本动力上深化认识。高校要紧紧围绕用好课堂这个主渠道，加快构建中国特色哲学社会科学学科体系和教材体系，更加注重以文化人以文育人，运用新媒体新技术使工作活起来，不断推动高校思想政治工作理念创新、手段创新、基层工作创新。

一、创新高校思想政治工作方式方法

习近平总书记在全国高校思想政治工作会议上的重要讲话，从培养中国特色社会主义合格建设者和可靠接班人的高度，深刻回答了事关我国高等教育事业长远发展和高校思想政治工作的一系列重大问题，为我国高等教育事业改革发展指明了方向。

习近平总书记的重要讲话具有很强的战略性、政治性、思想性和针对性，立意高远、发人深省、催人奋进。通过学习总书记的重要讲话，广大教育工作者更加认清了高校培养什么样的人、如何培养人、为谁培养人的问题，更加明确了推进高校思想政治工作改革创新的着力点，增强了做好高校思政工作的信心与决心。

加强高校思想政治教育，课堂教学是主渠道。“思想政治理论课要坚持在改进中加强，提升思想政治教育亲和力和针对性，满足学生成长发展需求和期待。”习近平总书记的重要讲话充分说明，提高思政课质量和水平，是推动高校思想政治工作改革创新的关键。

立德树人是高校的根本任务，教书育人是教师的根本职责。在高校里，任何一门课程都要“守好一段渠、种好责任田，使各类课程与思想政治理论课同向同行，形成协同效应”。无论是思想政治理论课还是其他哲学社会科学的教师，都担负着育人的责任。学术研究无禁区，课堂讲授有纪律，高校课堂必须坚持以马克思主义为指导，确保正确的政治方向。

“做好高校思想政治工作，要因事而化、因时而进、因势而新。”面对价值多元、信息裂变、新生代成长、新媒体崛起的时代变化，习近平总书记的重要讲话，点明了新形势下改进高校思想政治工作的新方法新途径。

在高校思想政治工作中，以文化人、以文育人往往能够起到“润物细无声”的效果。时任北京大学党委书记朱善璐说，第一课堂是思政教育主阵地，第二课堂也是思政教育的重要抓手。北大通过开展校园文化、社会实践等活动，帮助师生自觉投身中国特色社会主义伟大实践，为实现中国梦和“两个一百年”奋斗目标提供思想保障。

当下的大学生是网上长大的一代，纷繁复杂的互联网信息在一定程度上决定着他们对世界的看法。所以说，谁赢得了互联网，就赢得了青年。加强高校思想政治工作，互联网是一个必须争夺、必须占领、必须主导、必须巩固的阵地。高校思政课教师不仅要敢于主动将课程搬到互联网上，还要用学生喜闻乐见的方式，让思政课成为学生欢迎的课程。

社会的高速发展、文化的多元融汇、环境的复杂多变，给高校思想政治教育提出了更新更高的要求。因此，必须不断推动高校思想政治工作改革，帮助青年学生“扣好人生的第一粒扣子”。要贴近学生的思想特点和实际需求，在观念机制方法上求突破；要抓好课程创新，变灌输为互动；还要抓好网络阵地，搭建思想政治工作的新空间。

二、以“四个坚持”推进高校哲学社会科学学科体系建设

坚持和发展中国特色社会主义，哲学社会科学具有不可替代的重要地位，其发展水平反映了一个民族的思维能力、精神品格、文明素质，体现了一个国家的综合国力和国际竞争力。高校是我国哲学社会科学事业中的一支重要力量和方面军，高校的学科建设是构建中国特色哲学社

会科学体系的重要组成部分。要把推进哲学社会科学学科体系建设作为重要任务抓好抓实，切实做到“四个坚持”。

（一）推进高校哲学社会科学学科体系建设必须坚持马克思主义的指导地位

习近平总书记指出：“坚持以马克思主义为指导，是当代中国哲学社会科学区别于其他哲学社会科学的根本标志，必须旗帜鲜明加以坚持。”推进高校哲学社会科学学科建设必须坚持以马克思主义为指导。

一是历史必然。习近平总书记指出：“我国哲学社会科学坚持以马克思主义为指导，是近代以来我国发展历程赋予的规定性和必然性。在我国，不坚持以马克思主义为指导，哲学社会科学就会失去灵魂、迷失方向，最终也不能发挥应有作用。”哲学社会科学学科建设既具有一般学科的知识性、系统性，又具有鲜明的意识形态属性，必须要以科学的理论为指导。

二是发展之需。习近平总书记指出：“实际工作中，在有的领域中马克思主义被边缘化、空泛化、标签化，在一些学科中‘失语’、教材中‘失踪’、论坛上‘失声’。”因此，在推进学科体系建设过程中坚持马克思主义的指导地位，把马克思主义的立场、观点、方法贯穿到学科建设的各项工作中，是加强和改进哲学社会科学学科建设的根本任务。

（二）推进高校哲学社会科学学科体系建设必须坚持问题导向

习近平总书记指出：“坚持问题导向是马克思主义的鲜明特点。”“现在，我国哲学社会科学学科体系已基本确立，但还存在一些亟待解决的问题，主要是一些学科设置同社会发展联系不够紧密，学科体系不够健全，新兴学科、交叉学科建设比较薄弱。”因此，推进高校哲学社会科学学科建设，要始终聚焦这些问题，紧密结合各高校实际，认真加以改进。

一是优化学科体系。围绕国家经济、社会发展的重大理论和现实问题，结合我国经济社会发展需要和各高校办学条件，进一步优化学科布局，重点扶持基础学科，切实加强应用学科，积极发展交叉学科，着力培育新兴学科，努力建成一批高水平学科群，形成符合时代要求、结构合理、特色鲜明的哲学社会科学学科体系。

二是提升优势和特色学科。高校要紧密结合“双一流”建设，进一步整合学科资源，凝练学科方向，增强学科实力，力争将当前在国家学科评估排名靠前的优势学科进一步提升。深入实施“三特行动计划”，结合我国经济社会发展实际，围绕优势学科打造特色学科群，促进学校在服务区域发展、传承传统文化中发挥优势、办出特色。

（三）推进高校哲学社会科学学科体系建设必须坚持以育人育才为中心

习近平总书记指出：“要实施以育人育才为中心的哲学社会科学整体发展战略，构筑学生、学术、学科一体的综合发展体系。”高校坚持以育人育才为中心，应在两个方面下功夫。

一是加强马克思主义学科建设。重点建设一批马克思主义学院，实施马克思主义理论教学科研拔尖人才支持计划，设立马克思主义理论研究专项，加大对马克思主义学科的建设力度。全面落实思想政治理论课重点建设地位，将社会主义核心价值观教育融入学校教育教学全过程，着力解决好真懂真信问题。

二是推进教材体系建设。习近平总书记指出：“教材体系上不去，学科体系就没有后劲。”“培养出好的哲学社会科学有用之才，就要有好的教材。”高校要在全面使用马克思主义理论研究和建设工程重点教材的基础上，重点做好推动教材体系向教学体系转化、开发教学辅助读本、优质教学资源库建设等工作，在教材体系建设中有所作为。

（四）推进高校哲学社会科学学科体系建设必须加强和改善党的领导

习近平总书记指出："加强和改善党对哲学社会科学工作的领导，是繁荣发展我国哲学社会科学事业的根本保证。"高校哲学社会科学学科建设，加强和改善党的领导至关重要。

一是纳入党委重要议事日程。从政治上、组织上为哲学社会科学学科建设把关定向。在确定学科方向、选拔学科带头人、组建学科梯队、调整学科机构、建设学科基地、营造学科环境等方面充分发挥党委的政治核心作用。以习近平新时代中国特色社会主义思想为指导，修订完善学科发展专项规划，系统谋划未来五年的发展思路、建设目标和主要任务。

二是改进质量评价体系。哲学社会科学学科建设质量评价，不同于自然科学，在注重系统性、专业性、原创性的同时，更要体现继承性、民族性、时代性，避免以形式评内容、以载体评内容、以数量评质量。要将影响力和贡献度作为哲学社会科学学科建设的重要标准，将中国话语体系作为重要评价要求，正确区分学术问题和政治问题，不把一般的学术问题当成政治问题，也不把政治问题当作一般的学术问题，切实改进哲学社会科学学科建设评价体系。

三、以教材攻坚助力思政教育质量提升

为加强高校思想政治工作，教育部提出要打一场提高高校思想政治理论课质量和水平的攻坚战，切实增强大学生对思想政治理论课的获

得感。为此，教育部部长陈宝生特别强调要进行教材攻坚，明确要求将“活的现实、活的理论”融入思想政治理论课教材的建设要求，从根本上改变口号多于理念、概念多于实际的情况，不断增强大学生思想政治教育的针对性、实效性。

一方面，这些要求明确了教材的重要性。教材攻坚是提高思想政治教育质量和水平的突破口。教学是系统传授知识和技能以及价值观形成和方法论掌握的复杂活动，教材是教师执教的依据，也是学生学习的依据，同时是教学质量生成的最基本要素。一般来讲，好的教材既包含一门课程的学科知识、基本概念和一般理论，而且体现这门课程的教学目的和独特方法，同时符合学生的认知特点、成长规律和学习规律。所以，有一种观点认为，教材是教学过程的真正核心。我国近代一位教育家就曾明确提出 :“国立根本，在乎教育，教育根本，实在教科书。”思想政治理论课是大学生思想政治教育的主渠道，承担着培养社会主义合格建设者和可靠接班人的使命，思想政治理论课是政治性、思想性与学术性的统一体，不仅关系到大学生科学世界观、人生观、价值观的养成，而且关系到育人育才、立德树人的整体。因此，思想政治理论课教学必须有符合培养社会主义合格建设者和可靠接班人的教学目标，要求教学活动的科学性和规范性，而教材无疑是其中的关键一环和重要依据。

另一方面，这些要求明确了教材改革的方向。思想政治理论课教材改革必须坚持正确的政治方向和实践导向。实事求是地讲，为了提高思想政治理论课教学质量，党和国家特别重视教材建设，将其纳入“马工程”教材，由国内著名专家学者直接完成，由资深专家组成咨询委员会负责审定。“马工程”教材的出版，解决了高校思想政治理论课长期存在的教材不统一、质量参差不齐等难题，也为思想政治理论课教学质量提升提供了重要依据。可见，好的教材确实应该将活的现实、活的理论融入其中。教育部这一部署，抓住了教材改革的根本方向和主要任务，既体现了马克思主义理论的本质，又符合学生接受知识的实际，让学生在思想政治理论课教学中有更多的获得感。

马克思主义具有鲜明的实践品格，不仅致力于科学“解释世界”，且致力于积极“改变世界”。思想政治理论课教材必须吸纳最新的知识，概括最新的实践经验，最大限度地吸收各学科领域的研究成果，同时要有丰富而生动的事例，能够回答学生自身“成长的烦恼”，回答他们对现实社会生活的困惑。只有这样才能真正地让教材中的内容“入脑入心”，这也能使教材的理论魅力和价值立场展现得更加充分。总之，在教材改革中，要让教材表达马克思主义的中国话语，成为青年学习理解当代中国马克思主义、理解中国发展基本道理的重要依据。当然，编写这样的好教材是一个系统工程，需要下一番功夫，需要不断攻坚，而且要在“教”中“改”，在“改”中“教”，不断完善教材体系，以教材攻坚助力思想政治理论课质量提升。

四、坚持以文化人以文育人

文化是民族的血脉，是人民的精神家园，是国家强盛的重要支撑。习近平总书记指出：“文化自信，是更基础、更广泛、更深厚的自信。”全国高校思想政治工作会议对高校文化育人工作作出了部署，2016 年 12 月 8 日，习近平总书记在全国高校思想政治工作会议上强调：“加强高校思想政治工作，要注重文化浸润、感染、熏陶，既要重视显性教育，也要重视潜移默化的隐性教育，实现入芝兰之室久而自芳的效果。”

高校是人才培养的主阵地，是文化创造和传播的重镇，是坚定师生文化自信的前沿。高校党委要围绕立德树人根本任务，做到“三个深刻认识、三个必须”。

第一，要深刻认识到开展好文化育人工作事关“为谁培养人”的重大问题，必须按照培养社会主义合格建设者和可靠接班人的目标进行推进。习近平总书记强调，社会主义国家办大学，要有社会主义味儿。这个“社会主义味儿”，很大程度上要靠文化来体现。文化育人工作开展得如何，直接影响着青年学子的思想观念、价值取向、精神风貌，关乎一代青年的成长成才。因此，必须按照培养社会主义合格建设者和可靠接班人的目标要求开展好文化育人工作，“引人以大道，启人以大智”。坚持以文化人以文育人，要用中华优秀传统文化、革命文化和社会主义先进文化为师生“树魂、立根、打底色”。高校必须运用好这三大文化资源，使之有机融入课程、活动和校园环境中，融入师生日常生活中。

第二，要深刻认识到大学文化建设是扎根中国大地建设世界一流大学的有机组成部分，必须放在办好中国特色社会主义高校的大局中进行统筹谋划。综观世界一流大学，无一不是根植于本民族文化之中。我国有独特的历史、文化和国情，决定了我们建设一流大学不能“言必称希腊”，必须扎根中国大地，走自己的高等教育发展道路。这是关系到选择什么样的道路、坚持什么样的方向、举什么旗的问题，对此必须想明白、看清楚，特别要发挥社会主义核心价值观的导向引领作用，坚持先进文化的前进方向。

第三，要深刻认识到认识国情了解社会是增强师生文化自信的重要途径，必须放在为巩固和发展中国特色社会主义制度服务的高度上来予以充分重视。近年来，高校师生爱党爱国热情高涨，根本原因就在于改革开放和社会主义现代化建设取得伟大成就，从根本上改变了“西强我弱”的国际舆论格局。对于中国特色社会主义制度的优越性，我们要理直气壮、深入透彻地讲清楚，帮助师生不断增强文化自信，坚定走中国特色社会主义道路的信心。要广泛开展社会实践活动，把读万卷书与行万里路辩证统一起来，让师生在亲身参与中认识国情、了解社会，受教育、长才干，是提升师生文化自信的重要手段。

五、将坚定文化自信作为思政教育重要任务

党的十八大以来，习近平总书记多次强调文化自信问题。在庆祝中国共产党成立 95 周年大会上的重要讲话中，习近平总书记提出：“文化自信，是更基础、更广泛、更深厚的自信。在 5000 多年文明发展中孕育的中华优秀传统文化，在党和人民伟大斗争中孕育的革命文化和社会主义先进文化，积淀着中华民族最深层的精神追求，代表着中华民族独特的精神标识。”他还强调：“全党要坚定道路自信、理论自信、制度自信、文化自信。”高校是文化创造和传播的重镇，是坚定大学生文化自信的前沿阵地，要将坚定文化自信作为思想政治教育的重要任务。

第一，教育引导大学生在弘扬中华优秀传统文化中坚定文化自信。从心理学角度讲，自信是发自内心的自我肯定与相信，是对自身力量的确信。文化自信，就是对本国、本民族文化价值的充分肯定，对本国、本民族文化生命力的坚定信念。我们之所以有文化自信，一个重要原因就是中华优秀传统文化给我们提供了丰厚滋养。中华文化源远流长、博大精深，蕴含着丰富的哲学思想、人文精神、道德理念，其中讲仁爱、重民本、守诚信、崇正义、尚和合、求大同的思想，有着穿越时空的恒

久魅力。高校开展思想政治教育，就要大力弘扬中华优秀传统文化，让大学生深刻认识到中华优秀传统文化是中华民族的“根”和“魂”，是中华民族的突出优势；让大学生从中华优秀传统文化中得到滋养、获得底气。在思想政治教育中弘扬中华优秀传统文化，需要高校思想政治教育工作者对传统文化有鉴别地加以对待、有扬弃地予以继承，取其精华、去其糟粕，真正做到用中华优秀传统文化化人育人。

第二，教育引导大学生在弘扬革命文化中坚定文化自信。在革命、建设和改革的伟大实践中，我们党团结带领各族人民创造了鲜明独特、奋发向上的革命文化。革命文化是我们党和人民独有的文化财富，也是我们增强文化自信的底气所在。红船精神、井冈山精神、长征精神、延安精神、西柏坡精神、大庆精神、“两弹一星”精神、抗震救灾精神，等等，这些富有时代特征、民族特色的宝贵精神财富，根源于中华优秀传统文化，同时是我们党团结带领各族人民在伟大斗争中铸就的一个个精神高地。在信息化时代，人们思想观念深刻变化，一些大学生在文化信仰上不知何去何从，文化自信不断被冲击侵蚀。针对这一状况，高校思想政治教育工作者要大力弘扬革命文化，用革命文化中蕴含的不屈不挠、越挫越勇、矢志不渝等信念教育引导大学生。当前，一些别有用心的人不分是非、颠倒黑白，极力消解和诋毁革命文化。高校思想政治教育工作者要敢于亮剑、坚决抵制，确保红色基因、优良传统在大学生中得到传承弘扬。

第三，教育引导大学生在弘扬社会主义先进文化中坚定文化自信。随着经济社会发展，社会思想观念呈现多样化趋势。大学生正处在世界观、人生观、价值观形成的关键时期，各种社会思潮极易对他们产生影响。当前，受一些消极错误思潮影响，一些大学生沉迷于网络，过分追求物质享受，受挫心理薄弱、依赖性强、诚信度低。社会主义先进文化以马克思主义为指导，植根于中华优秀传统文化，彰显社会主义核心价值观，既立足于中国实际，又吸收国外文化有益成果，是通过不断改革创新而形成的先进文化，对各种社会思潮具有引领和纠偏的重要作用。高校在思想政治教育中应大力弘扬社会主义先进文化，让大学生坚定文化自信，自觉抵御消极错误思潮的影响和侵蚀。要鼓励大学生积极响应建设社会主义文化强国的时代召唤，投身到社会主义文化强国的实践中去，为弘扬社会主义先进文化贡献力量。

高校是交流思想、传承文明、培养人才的主阵地，必须把增强大学生文化自信融入高校思想政治教育和人文社会科学教学的全过程。应确立主流意识形态在高校教学中的主导地位，构建弘扬社会主义核心价值观的校园文化体系，增强大学生对中华优秀传统文化、革命文化、社会主义先进文化的认知和认同。充分利用课堂教学和课外活动，通过真实生动的案例或体验活动，使大学生接受优秀传统文化熏陶，提升他们对于优秀传统文化的兴趣，使他们对于中华优秀传统文化具有热爱和崇敬之心。注重正面引导和优化环境，发现并鼓励那些具有坚定文化自信的大学生典型，发挥他们的示范引领作用，全面提升大学生的文化自信。[①]

六、积极开展大学生社会实践活动

社会实践是一个富有非常广泛而深刻含义的概念。大学生社会实践活动是引导学生走出校门、接触社会、了解国情，使理论与实践相结合、知识分子与工农群众相结合的良好形式；是大学生投身改革开放，

① 李博：《坚定文化自信是高等教育的重要任务》，人民网，2016 年 11 月 18 日。

向群众学习，培养锻炼才干的重要渠道；是提高思想觉悟、增强大学生服务社会意识，促进大学生健康成长的有效途径。高校积极开展大学生社会实践活动，有利于帮助大学生更新观念，树立正确的世界观、人生观、价值观，使思想政治工作收到实效。

大学生社会实践的意义主要体现在以下几方面。

第一，社会实践有利于锻炼学生实践能力，提高学生综合素质。大学校园毕竟不是完全的社会化，实践提供这样一个契机，让大学生们更多接触社会，了解社会现象，开阔视野，扩大知识面，从实践中学习新的知识，通过所从事的工作，一方面挖掘自身潜在的能力，另一方面发现自己的不足之处。综合能力往往是一个学生在社会交往、社会适应多方面能力的体现，在与社会人群的交流中，已有的能力得到锻炼，亟须提高的能力使大学生对自己的短处有所了解，了解社会需要什么样的人才，可以在以后的发展中为社会需求做好准备。

第二，社会实践是对当代大学生价值观构建、个性塑造与检验的良好方式。从中学进入大学，大学环境的自由度提高很多，特别是思想的自由度，学生价值观通常在这个时期形成，但很多学生的思想仍旧停留在高中阶段，思维模式的转变，独立思考的能力与自我判断的能力都有待提高。学生的思考方式可以在社会实践中得到验证，从而主动积极地吸收有利于自身发展的思想方法。由于文化思想的多元并流，社会的不良风气对学生也有影响，这就考验他们的判断力与决策力，多种方式的实践从许多方面检验学生的价值观，对其价值观的形成修复有积极的促进作用。个性塑造是与性格自身的素质紧密相连的，学生可以在社会大浪中尽力展示自己，也可能遭到前所未有的打击，学生对社会的诸多不适应对学生的心理素质提出要求，实践使学生发现自己性格特点、行为特质、生活习惯等与社会标准的距离，为将来完善自己探路。

第三，社会实践对大学生实现人生价值、认识人生意义大有裨益。这同时也是价值观的体现，积极践行社会主义核心价值观，要求我们要在实践中学习马克思主义，弘扬民族精神，爱祖国，爱人民，爱劳动，爱科学，爱社会主义，有文化有纪律，社会实践正是这些优良精神品质的试验方式，学生可从中体会劳动的价值、人生的意义，实现自我价值。这对学生的价值追求、政治文化信仰都将有影响。

第四，大学生社会实践意义在于能够推进其职业生涯的建构。社会实践是大学生职业生涯规划的前奏。高等教育肩负着为社会输送合格人才的重任。然而，要培养适应社会主义市场经济的人才，必须深化大学生的职业规划意识。当前相当多的大学生只是急于找到一份工作，而对于生涯发展意识、生涯决策能力、自我价值认知、职业定位等却一无所知，导致了不少“毕业即失业”的尴尬局面出现。这与高校培养“合格”人才的初衷相去甚远。要培养合格的人才，就有必要以社会实践为方法入手，推进大学生职业规划进程，以“规划”促“合格”。首先，通过行进中的社会实践，大学生个体可以逐步建立与发展一个整合而适当的自我概念（包括职业自我），并将其转化为实际的选择与生活方式，实现个体的生涯发展目标。至此，大学教育便成为实时调整以满足社会市场需要的一种“液态”教育活动。这在一定程度上改善了当前社会需求与高校在教学理论、专业和课程结构以及教学手段等方面常与现实脱节的局面，促进高校办学进一步适应市场经济的要求。其次，人生规划中的关键是合理职业定位。定位准确，才能使规划实用有效，否则，规划制定得再好也无法变成现实。通过社会实践，学生将在活生生的职业情境中，进行正确决策，科学规划人生；认知自身的能力、能力倾向、兴趣、个性等，以及明晰个人的职业价值，有利于未来将个人追求与社会发展相结合，进行合理定位。

社会实践是当代大学生自我完善、尽快成长的必由之路。离开了社会实践，就谈不上人才的成长和发展，更谈不上发明创造。当前，要积极探索和建立社会实践与专业学习相结合、与服务社会相结合、与勤工俭学相结合、与择业就业相结合、与创新创业相结合的管理体制。认真组织大学生参加军政训练、社会调查、生产劳动、志愿服务、公益活动、科技发明和勤工助学等实践活动，使大学生在社会实践活动中受教育、长才干、做贡献，增强社会责任感。

创新案例

兰州大学："四个筑牢"创新加强新时代思想政治工作

兰州大学深入实施思想政治工作质量提升攻坚行动，筑牢思想建设、课程教学、工作落实、校园文化四个阵地，大力加强和改进思想政治工作，努力培养担当民族复兴大任的时代新人。

筑牢思想建设阵地，绘制共同理想"同心圆"。总结形成"1234"工作思路，即把牢社会主义办学"一个方向"，围绕学生和教师"两个主体"，坚持校党委、二级单位党组织、基层党支部"三级联动"，着力抓好课堂建设、哲学社会科学建设、校园文化建设和网络建设"四个重点"。坚持将理论学习设置为党委常委会第一个议题，完善校院两级中心组学习制度。制定加强和改进新形势下思想政治工作实施方案，细化111项具体任务措施，配套出台80余项工作制度，搭建思想政治工作制度体系"四梁八柱"。推进思想政治工作质量提升攻坚行动计划，明确74项具体任务，精准构建“课程、科研、实践、文化、资助”等十大育人体系。构建“国情时政大讲堂”“中国特色社会主义理论热点问题大讲堂”等理论学习平台，召开学习习近平总书记重要讲话精神师生座谈会，举办全国高校思想政治工作会议专题培训班、纪念马克思诞辰200周年经典诵读会等活动。开展“基层党组织建设年”“党建质量提升年”活动，实施基层党组织“对标争先”建设计划、学生党支部建设质量提升拓展计划、教师党支部建设质量提升攻坚计划，树立“党的一切工作到支部”鲜明导向。

筑牢课程教学阵地，守好思政教育“责任田”。开设“习近平新时代中国特色社会主义思想”等67门通识教育课程，校党委书记、校长和二级学院书记、院长坚持每学期为学生讲党课、讲思政课，增强思政育人实效。加强马克思主义学院建设，每年设立10项思政课教学改革和教学方法创新课题，激发思政课教师育人自觉和育人担当。遴选34个“课程思政”示范项目，举办思想政治理论课微课程教学竞赛、“课程思政”示范课程讲课比赛、微党课大赛，切实把思想政治工作贯穿教育教学全过程。成立教材工作领导小组，制定教材选用和管理办法，规范教材编写和选用，哲学社会科学类专业统一使用“马工程”重点教材并开展任课教师全员培训。制定加强本科课堂教学听课管理的实施意见等制度，加强课堂教学管理，强化课堂教学基本规范，狠抓教师课堂教学主体责任。

筑牢工作落实阵地，提升干部队伍“战斗力”。开展“干部作风、校风学风、师德师风”“谋在深处、干在实处”作风建设年活动，激励干部队伍担当新使命、展现新作为。坚持“教师为主体”理念，成立党委教师工作部，制定教师思政和师德师风考察工作细则等，开展“青年教师课堂教学大赛”“我最喜爱的十大教师评选”“教职工荣休暨师德传承典礼”等活动，激发广大教师责任感使命感。修订专职组织员管理办法，为二级单位党组织配备专职组织员，推动党建和思政工作落实。成立辅导员发展中心，制定实施专职辅导员专业技术职务聘任办法，实行职称评审单列计划、单设标准、单独评审，每年设立队伍建设专项经费130万元。推行本科生导师制，选拔政治素质过硬、能力突出的教师担任本科生导师和班主任，帮助学生“扣好人生第一粒扣子”。突出“学生为中心”理念，制定“走进学生生活、走进学生学习、走进学生心灵”行动实施方案，全校教职工每人联系一个本科生宿舍，关心学生学习生活和身心健康。

筑牢校园文化阵地，凝聚文化育人“正能量”。依托“青年马克思主义者培养工程”“萃英登峰”大学生骨干培训计划，举办专题讲座、学习座谈、培训报告、研讨交流等活动，集中学习宣传习近平新时代中国特色社会主义思想和党的十九大精神。开展“红色基因传承行动”“学习青年习近平，扎根陇原黄土地，用青春梦托起中国梦”“读马克思主义经典著作”等主题教育实践活动，通过主题班团日、演讲比赛、知识竞赛等途径，引导青年学生深化对习近平新时代中国特色社会主义思想的认识理解。举办“同呼吸，共命运——共同团结奋斗，共同繁荣发展”大型主题展览、民族宗教知识竞赛活动，组织开展“中国梦·民族情”“华夏风民族情”“走进新疆”“藏文化周”等系列教育活动，营造和谐的校园民族团结氛围。

（来源：兰州大学，2019年1月3日）

第六章

办好高校思想政治理论课

思政课是落实立德树人根本任务的关键课程，发挥着不可替代的作用。党的十八大以来，以习近平同志为核心的党中央高度重视思政课建设，作出一系列重大决策部署，思政课建设取得显著成效。面对新形势新任务新挑战，思政课建设只能加强、不能削弱，必须切实增强办好思政课的信心，全面提高思政课质量和水平。

一、办好思政课的重要意义和总体要求

“办好思想政治理论课，最根本的是要全面贯彻党的教育方针，解决好培养什么人、怎样培养人、为谁培养人这个根本问题。”2019 年 3 月，在学校思想政治理论课教师座谈会上，习近平总书记从党和国家事业发展的全局出发，深刻阐述了办好思政课的重大意义，深入分析了教师的关键作用，明确提出了推动思政课改革创新的重大要求，为我们推进思政课建设指明了前进方向，提供了重要遵循。2019 年 8 月，中共中央办公厅、国务院办公厅印发《关于深化新时代学校思想政治理论课改革创新的若干意见》，进一步对深化新时代学校思想政治理论课改革创新作出明确要求。

第一，重要意义。教育是国之大计、党之大计，承担着立德树人的根本任务。思政课是落实立德树人根本任务的关键课程，发挥着不可替代的作用。党的十八大以来，以习近平同志为核心的党中央高度重视思政课建设，作出一系列重大决策部署，各地区各部门和各级各类学校采取有力措施认真贯彻落实，思政课建设取得显著成效。同时也要看到，面对新形势新任务新挑战，有的地方和学校对思政课重要性认识还不够到位，课堂教学效果还需提升，教材内容不够鲜活，教师选配和培养工作存在短板，体制机制有待完善，评价和支持体系有待健全，大中小学思政课一体化建设需要深化，民办学校、中外合作办学思政课建设相对薄弱，各类课程同思政课建设的协同效应有待增强，学校、家庭、社会协同推动思政课建设的合力没有完全形成，全党全社会关心支持思政课建设的氛围不够浓厚。办好思政课，要放在世界百年未有之大变局、党

和国家事业发展全局中来看待，要从坚持和发展中国特色社会主义、建设社会主义现代化强国、实现中华民族伟大复兴的高度来对待。思政课建设只能加强、不能削弱，必须切实增强办好思政课的信心，全面提高思政课质量和水平。

第二，指导思想。全面贯彻党的教育方针，坚持马克思主义指导地位，贯彻落实习近平新时代中国特色社会主义思想，坚持社会主义办学方向，落实立德树人根本任务，坚持教育为人民服务、为中国共产党治国理政服务、为巩固和发展中国特色社会主义制度服务、为改革开放和社会主义现代化建设服务，扎根中国大地办教育，同生产劳动和社会实践相结合，加快推进教育现代化，建设教育强国，办好人民满意的教育，努力培养担当民族复兴大任的时代新人，培养德智体美全面发展的社会主义建设者和接班人。

第三，基本原则。一是坚持党对思政课建设的全面领导，把加强和改进思政课建设摆在突出位置。二是坚持思政课建设与党的创新理论武装同步推进，全面推动习近平新时代中国特色社会主义思想进教材进课堂进学生头脑，把社会主义核心价值观贯穿国民教育全过程。三是坚持守正和创新相统一，落实新时代思政课改革创新要求，不断增强思政课的思想性、理论性和亲和力、针对性。四是坚持思政课在课程体系中的政治引领和价值引领作用，统筹大中小学思政课一体化建设，推动各类课程与思政课建设形成协同效应。五是坚持培养高素质专业化思政课教师队伍，积极为这支队伍成长发展搭建平台、创造条件。六是坚持问题导向和目标导向相结合，注重推动思政课建设内涵式发展，全面提升学生思想政治理论素养，实现知、情、意、行的统一。

二、新时代高校思政课教学工作的基本要求

2018 年 4 月，教育部印发《新时代高校思想政治理论课教学工作基本要求》（以下简称《基本要求》），明确课前、课中、课后全流程管理，规范学分设置、教务安排、教研管理、教学方法、考核评价等各项教学工作，强化思想政治理论课价值引领功能。其主要内容如下。

严格落实学分，明确各学段课程学分，并从本科思想政治理论课现有学分中划出两个学分，从专科思想政治理论课现有学分中划出一个学分，开展本专科思想政治理论课实践教学。学生既可通过参加教师统一组织的实践教学获得相应学分，也可通过提交与思想政治理论课学习相关的实践成果申请获得相应学分。网络教学作为思想政治理论课辅助手段，不得挤占课堂教学时数。

规范建设教研室（组），由教研室（组）具体负责课程的教学管理工作，统一实行集体备课，要丰富集体备课载体，通过多种方式有针对性地增强集体备课效果。本专科思想政治理论课教学应按课程分别设置教研室（组），研究生思想政治理论课教学可结合实际设置教研室（组）。要按照师生比不低于 1 ∶ 350 的比例设置专职思想政治理论课教师岗位，为每个教研室（组）配足师资。思想政治理论课兼职教师、特聘教授，要由相应的教研室（组）规范管理。

严肃课堂教学纪律，鼓励思想政治理论课教师结合教学实际，针对学生思想和认知特点，积极探索行之有效的教学方法，要拓展实践教学形式，注重实践教学效果，将网络教学作为课堂教学的有益补充，推动传统教学方式与现代信息技术有机融合。

在强化科研支撑教学和评价教学质量方面，《新时代高校思想政治理论课教学工作基本要求》明确要进一步完善思想政治理论课教师科研

评价机制，将科研成果在教学中的转化情况作为重要考核指标，要建立健全多元评价机制，并合理运用教师教学质量评价结果，在教师职务职称评聘标准中提高教学和教学研究占比，评价结果与绩效考核和津贴分配等挂钩，基于评价结果探索建立思想政治理论课教师课堂教学退出机制。

对考核方式，要采取多种方式综合考核学生对所学内容的理解和实际运用，注重考查学生运用马克思主义立场观点方法分析、解决问题的能力，力求全面、客观反映学生的马克思主义理论素养和思想道德品质。

落实高校主体责任，建立健全教学管理制度体系，推动各类课程与思想政治理论课同向同行，强化地方统筹管理，原则上各地都要分课程组建思想政治理论课教学指导委员会，教育部高校思想政治理论课教学指导委员会要加强全国宏观指导，适时开展思想政治理论课教学情况督查，推动各方面把教学管理责任落到实处。

三、办好思政课必须遵循三大规律

习近平总书记强调，做好高校思想政治工作，“要遵循思想政治工作规律，遵循教书育人规律，遵循学生成长规律，不断提高工作能力和水平”。这“三大规律”是做好新时代高校思想政治工作的科学的规律组合，办好思政课必须遵循这三大规律，准确把握其内涵和内在逻辑。

（一）遵循思想政治工作规律

高校作为思想政治工作前沿阵地，肩负着学习研究宣传马克思主义、培养中国特色社会主义事业合格建设者和可靠接班人的重大任务。做好高校思想政治工作，加强高校意识形态阵地建设，事关党对高校的领导，事关全面贯彻党的教育方针，事关中国特色社会主义事业后继有人。

为了切实加强和改进思想政治工作，提高思想政治工作的科学性、预见性和有效性，应当更深入地把握和遵循思想政治工作规律。思想政治工作不能只停留在嘴上，要更加注重用改革的思路、创新的办法、有效的机制，通过创造和推广亲和力、感染力、贴近性强的载体，使各项工作能落实、见成效。遵循规律是推进工作内涵发展、提升工作质量的客观要求和根本保证。必须高度重视对思想政治教育规律的研究，有效总结规律，科学把握规律，善于运用规律，建立起提高大学生思想政治教育针对性实效性的制度体系。

党的十八大以来，高校思想政治工作不断加强改进，取得了显著成效。但也应看到，无论在思想认知层面还是在实践操作层面，高校思想政治工作仍然面临许多严峻挑战，还存在一些亟待解决的问题。比如一些高校对思想政治工作重视程度不够，工作方式方法落后，从事思想政治工作的教师队伍水平参差不齐，思想政治工作与大学生实际需求脱节，等等。因此，深入学习贯彻习近平新时代中国特色社会主义思想，推进高校思想政治工作改革创新，让高校思想政治工作强起来、活起来，是高校必须解决好的重大问题。让高校思想政治工作强起来、活起来，关键是要遵循思想政治工作规律。

高校思想政治工作从根本上说是做人的工作，必须“围绕学生、关照学生、服务学生”，不断提高学生思想水平、政治觉悟、道德品质、文化素养，让学生成为德才兼备、全面发展的人才。思想是人类一切行为的基础、行为的向导，决定人的世界观，解决的是“总开关”问题。思想政治工作从根本上说是做人的工作，必须眼中有“人”。如果不能做到围绕学生、关照学生、服务学生，如何去提高学生的思想水平、政治觉悟、道德品质、文化素养？只有聚焦学生这个中心，注重联系学生思想实际，引导他们正确认识世界和中国发展大势，正确认识中国特色和进行国际比较，正确认识时代责任和历史使命，正确认识远大抱负和脚踏实地，才能全面提高学生思想政治素质，让学生成为德才兼备、全面发展的人才。

对于今天的高校来说，培养什么样的人、如何培养人以及为谁培养人，始终是一个根本问题。古人云："大学之道，在明明德，在亲民，在止于至善。"大学之为大，就是在授业解惑中引人以大道，启人以大智，使人努力成为栋梁之材。一旦在办学方向上走错了，在培养人的问题上走偏了，那就像一株歪脖子树，无论如何都长不成参天大树。加强高校思想政治工作，最重要的就是在事关办学方向的问题上站稳立场。思想政治工作关系的是高校培养什么人、如何培养人以及为谁培养人这个根本问题。实践证明，高校的思想政治工作抓住了、抓好了，就能沿着正确方向前进；放松了，丢弃了，就会迷失方向。思想政治工作本质上是一个释疑解惑的过程，应该帮助学生认识人生应该在哪用力、对谁用情、如何用心、做什么样的人。小麦灌浆期，阳光水分跟不上，就会耽误一季庄稼的收成。高校思想政治工作做得如何，直接影响着青年学子的思想观念、价值取向、精神风貌，关乎一代青年的成长成才。现在高校学生大多是"95后"，朝气蓬勃、好学上进、视野宽广、开放自信，同时，他们知识体系搭建尚未完成，价值观塑造尚未成形，情感心理尚未成熟，需要加以正确引导。思想政治工作如果老一套，缺乏亲和力与针对性，不能满足学生成长发展需求和期待，就很难取得实效。加强和改进新形势下高校思想政治工作，必须革弊布新，创新方式方法，不断增强针对性、时代感和吸引力。

高校思想工作要"沿用好办法改进老办法探索新办法"，要注重显性教育和隐性教育相结合，充分挖掘高校深厚的文化底蕴，以文化人、以文育人，贴近实际、贴近师生，增强思政工作的力度；要注重传统媒体和新兴媒体相结合，在提升传统媒体影响力的基础上，优化资源配置，实现校内媒体的深度融合，使文字有力、广播有声、图片有意，增强思政工作的广度。思想政治教育工作者要把教育真正做到学生的心坎上。在具体的工作中，了解学生要细心、思想教育要耐心、心理疏导要贴心、成才引导要热心、平时相处要交心、帮困解难要有爱心，这样才能走入学生的内心，触及学生的思想，真正为学生排忧解难、答疑解惑，才能更好地负起学生健康成长指导者和引路人的责任。“围绕学生、关照学生、服务学生”思想指导下的高校思政工作还有更深远的含义，那就是“始终突出学生主体地位，坚持以人才培养为中心，围绕立德树人根本任务，完善体制机制，进一步推动学生工作和教学工作、学生思想政治教育与专业教育在人才培养目标、途径、方法等方面的有机融合，推动教育者之间、教育者与受教育者的理念、目标和途径相互融合，真正把学生培养成为德才兼备、全面发展的人才”。

高校思想政治工作的成效在很大程度上也取决于思想政治理论课的水平高不高、效果好不好、阵地牢不牢，而提高思政课的质量和水平，思想政治理论课教师是关键。思想政治理论课教师一定要做好内功建设，切实提高思政教师自身水平，使思政课的内容和方法内化为学生实践的方向和准则。高校思政队伍要加强专业培训，提高教师在政治传播意识、形象塑造、沟通技巧、演讲辩论、新媒体使用等方面的能力，使他们以学识渊博、魅力突出、个性鲜明的特点为大学生喜爱推崇。要建设学生“真心喜爱、终身受益、毕生难忘”的思想政治理论课，需要探索“协同”新路径，使高校各类课程与思想政治理论课同向同行，使高校内外各种资源为思政学习与实践搭建平台，构建“大思政”“大教育”和“大宣传”格局。高校思政课是大学生思想教育和培育践行社会主义核心价值观的重要阵地，在已经进入互联网时代的21世纪，一定要努力做到因事而化、因时而进、因势而新，切实加强思政课教育的亲和力和针对性，使思想政治工作始终贴近青年，润物无声地给学生以人生启迪、智慧光芒、精神力量。

高校思想政治工作是服务保证性工作，要坚持不懈培育和弘扬社会主义核心价值观，引导广大师生做社会主义核心价值观的坚定信仰者、积极传播者、模范践行者。我国高等教育发展方向要同我国发展的现实目标和未来方向紧密联系在一起，为人民服务，为中国共产党治国理政服务，为巩固和发展中国特色社会主义制度服务，为改革开放和社会主义现代化建设服务。高校把培养“德才兼备、全面发展”的合格建设者和可靠接班人作为中心任务，把服务国家战略需求作为基本逻辑，传承和创新中华优秀传统文化和革命文化、秉承社会主义先进文化的精神基因；要把培养拔尖人才和强化爱国担当相结合，把肩负国家使命和探索科学前沿相结合，把开展科研创新和面向国民经济相结合，把优秀传统文化的传承和大学文化传播相结合，加快建设扎根中国大地的世界一流大学。

遵循思想政治工作规律，还要从思想政治工作的特殊性着眼。思想政治工作的实质是主流意识形态的主导与传达。面对当前意识形态领域中多样、多变和复杂的情况，高校必须坚持马克思主义的指导地位，牢牢把握党对高校的领导权，坚持社会主义办学方向；高校思想政治工作者要敢于主动发声，引导师生在古今、国内外比较中加强认识，坚定理想信念，坚定对中国特色社会主义伟大事业的信心；要加强意识形态教育，纠正长久以来将理论灌输等同于填鸭式教育的偏颇认识，从思想政治工作的自觉性以及人的正确思想形成的角度理解理论灌输及其在思想政治工作中的重要地位与作用，采取学生喜闻乐见的方式对其进行理论灌输。

（二）遵循教书育人规律

所谓教书育人，即教师在教学活动中，不仅要传授科学文化知识，而且要对学生进行思想政治教育。教书育人是教师的义务，也是教师的天职。教师是人类灵魂的工程师，承担着神圣使命。传道者自己首先要明道、信道。教书育人，一般是指学校教师在教学过程中，自觉地对学生进行政治思想教育和道德教育。教育学理论的研究揭示了这样一条规律，不管教师本人认识与否，他的“教书”都在起着育人的作用。也就是说，教师的价值取向不同，直接影响育人的效果。这是不以人的主观意志为转移的客观规律。“育人”可能向完全不同的方向发展，可能给学生是正面的或者正确的教育，也可能会对学生的成长起相反的作用，这是这条规律的深刻性之所在。这便给教师提出一个非常严峻的要求，那就是一定要自觉地认识规律，正确地运用规律，按照我们的社会主义—共产主义教育目的来自觉地确定教书育人的方向。高校教师要坚持教育者先受教育，努力成为先进思想文化的传播者、党执政的坚定支持者，更好担起学生健康成长指导者和引路人的责任。

习近平总书记把高校教师教书育人的职责与使命，提到遵循规律的高度，这是习近平总书记在教育理论上的创新，对高校加强和改进思想政治工作具有重要指导作用。所谓“教书育人”，是指教师在传授专业知识的同时，以自身的道德行为和人格魅力，言传身教，引导学生寻找自己生命的意义，实现人生应有的价值追求，塑造自身完美的人格。教书育人是教师的天职和使命，古今中外的各级各类学校，都从各个层面、以各种方式强调教师必须教书育人。我国古代教育家孔子，注重教学要“敬德修业”，即为了达到“敬德”的境界而“修业”。要加强师德师风建设，坚持教书和育人相统一，坚持言传和身教相统一，坚持潜心问道和关注社会相统一，坚持学术自由和学术规范相统一，引导广大教师以德立身、以德立学、以德施教。

好老师以理想信念指引教书育人，以道德情操践行言传身教，以扎实学识实现学术自由和学术规范统一，以仁爱之心不辍问道和反哺社会。教书是传授知识和技能，教学生学会做事；育人是培养学生正确的世界观、人生观和价值观，教学生如何做人。教书育人总是不可分割地结合在一起的，既不可能脱离价值观只讲单纯的知识和技能，也不可能脱离人们的工作、学习、生活实际，进行闭门思辨。常言道:学高为师，身正为范。教书育人，教书者必先学为人师，育人者必先行为示范。教师的师德和专业技能，都是教师必须具备的素质，但师德则是教师的灵魂，是更重要的素质。教师工作的“示范性”和学生的“向师性”，使教师在学生心目中占有非常重要的地位。因此，2016年12月8日，习近平总书记在全国高校思想政治工作会议上强调：“教师是人类灵魂的工程师，承担着神圣使命。传道者自己首先要明道、信道。高校教师要坚持教育者先受教育，努力成为先进思想文化的传播者、党执政的坚定支持者，更好担起学生健康成长指导者和引路人的责任。”他还强调，“要加强师德师风建设，坚持教书和育人相统一，坚持言传和身教相统一，坚持潜心问道和关注社会相统一，坚持学术自由和学术规范相统一”。对于广大一线教师来说，更好担起学生健康成长指导者和引路人的责任，自觉提高做思想政治工作的能力与本领，增强做好高校思想政治工作的责任感与使命感至关重要。提升思想政治工作的亲和力、感召力、凝聚力，要通过广大教师的辛勤工作让学生感受到信仰的力量和真理的力量，感受到党的伟大与党的事业的伟大，增强学生对马克思主义与中国特色社会主义共同理想的价值认同与情感认同，为学生点亮理想的灯，照亮前行的路。

教书育人是一个具有普遍性的重要问题，是高校培养学生的一个规律。违背这个规律，培养出来的学生，只有专业知识，没有或缺乏思想政治素质，则是教育的失败。高校的思想政治工作，就要围绕学生、关照学生、服务学生。围绕学生，就是高校发展战略规划制定、各项工作安排、各种制度设计、学校文化建设和各类设施建设等，都要以促进学生德才兼备、全面发展为出发点和归宿。关照学生，就是要将思想政治工作覆盖到每一个学生，没有遗漏，没有疏忽，不留死角；就是要在工作中关心学生的困难和困惑，帮助、鼓励学生解决困难，引导学生化解困惑。服务学生，就是要为学生成为德才兼备、全面发展的人才努力创造有利条件，开辟多种路径，提供丰富资源，既努力满足学生成长发展的共性需求和期待，又尽可能满足学生发挥才能和创造力的个性需求和期待，使思想政治工作更具亲和力和有效性。高校应始终坚持强化教师思想政治工作，突出思想引领，把理想信念教育放在首位，突出师德建设，把教书育人落到实处，突出党建责任，为教师思想政治工作提供根本保证。

（三）遵循学生成长规律

高校思想政治工作围绕学生、关照学生、服务学生，这决定了高校思想政治工作必须遵循学生成长规律。要深入研究学生群体的特点，研究学生成长规律，采取符合学生实际需求、为其所喜闻乐见的方式来做好思想政治工作。

学生的成长，应当根据高校培养目标的要求，综合实施各种教育教学，包括德育，即学生思想政治教育；智育，即专业知识技能教学；体育，即体质、心理锻炼；美育，即审美素养培养。其中，思想政治工作贯穿教育教学全过程，是学生健康成长、全面发展的主要途径。把这一途径进一步进行理论提炼，就是学生成长必须遵循的规律。学生成长规律，主要体现在三个方面。

一是全面发展成才。马克思主义关于人的全面发展理论，深刻揭示了人的发展目标与规律。人之所以要坚持全面发展，是由人的全面性本质、社会的全面性存在与发展的需要所决定的。马克思主义认为，人的全面发展是“通过人并且为了人而对人的本质的真正占有”“人以一种全面的方式，也就是说，作为一个完整的人，占有自己的全面的本质”。人的全面发展为社会文明进步奠定基础，社会文明进步为人的全面发展创造条件。促进全面发展是高校学生的发展方向和成长目标。高校学生成长既不是单一教育作用的结果，也不是单个人可以实现的过程，只有通过德智体美多方面的教育才能全面推进。没有思想政治工作确立目标、提供动力，不仅智力与智慧难以展现和释放，而且培养的学生也难以符合我国社会发展的要求。只有把思想政治工作贯穿教育教学全过程，才能保证学生成长目标明确、发展动力强劲、学习认真刻苦、才智充分发挥。因而，引导学生全面发展，是学生成长的目标导向与内容规范，是学生成长规律的主要内涵。

二是自主学习成长。习近平总书记在同各界优秀青年代表座谈时指出：“青年人正处于学习的黄金时期，应该把学习作为首要任务，作为一种责任、一种精神追求、一种生活方式，树立梦想从学习开始、事业靠本领成就的观念，让勤奋学习成为青春远航的动力，让增长本领成为青春搏击的能量。”如果说目标导向与内容规范是大学生成长应遵循的准则的话，那么学习成长则是大学生的自主实现。成长的主体是大学生，推进成长过程只能依靠大学生本人，别人是不能代替的。所谓自主学习，是指学生在教师指导下，确定学习目标、选择学习方法、监控学习过程、评价学习结果，进行自我计划、自我管理、自我调节和自我转化的学习过程，是学生学习心理的自觉反映和自主的行为，主要包括浓厚的学习兴趣、认真的学习态度、刻苦的学习精神、顽强的学习意志、自觉的学习行为。大学生除了具备学习的自觉性和积极性之外，还要在教师指导和帮助下，培养、提高学习知识及运用理论的能力。学习、运用知识的能力，是学生成长、发展的能力。在学生需要具备的诸多能力中，自主学习、运用知识的能力是最基本的能力。因此，学生具有自主学习精神和自主学习、运用知识的能力，对于激发学习动机、挖掘学习潜能、培养创新精神，以及形成独立学习、工作、研究的能力，具有重要意义。

三是实践锻炼成长。学习是成长进步的阶梯，实践是提高本领的途径。2014 年 5 月 4 日，习近平总书记在北京大学师生座谈会上指出：“扎扎实实干事，踏踏实实做人。道不可坐论，德不能空谈。……只要坚韧不拔、百折不挠，成功就一定在前方等你。”如果说全面发展的目标导向是前提，自主学习是关键，那么，实践锻炼则是大学生成长的基础。因为全面发展、自主学习，最终都要在实践基础上进行、展开并经受检验。离开社会实践，空谈全面发展与自主学习，是没有意义的。实践的观点是马克思主义认识论的基本观点，实践出真知，实践出人才。毛泽东非常注重实践锻炼，坚持从战争中学习战争，在实践中培养人才，他指出："读书是学习，使用也是学习，而且是更重要的学习。"[①]要紧密结合实际，注重实践锻炼，将学到的知识变为自己的真知和能力。大学生在校的主要时间和主要任务，是接受教师的课堂教育教学，不管是思想政治教育，还是专业教学，不仅都要遵循实践性原则，而且都有实践教育教学的环节和要求，并且这些教育教学最终都是为了帮助学生走向社会，承担社会实践任务。因此，重视实践，立足实践，是大学生成长成才的必由之路。大学生只有自觉到实践中去经风雨、见世面、长本领、增才干，才能成长为国家所需要的人才。

高校应该充分认识和遵循大学生成长规律，坚持人才培养正确政治方向，狠抓教育教学的每个环节，有针对性地开拓新思路，解决青年学生面对的各种新问题，在润物无声的过程中取得思想政治工作的更好效果。高校学生来自不同的民族，来自各个社会阶层，在信息化时代接收着来自各种渠道的各种信息，在成长过程中有着各自的人生经历、受到各种影响，有各自的追求和抱负。高校思想政治工作是人与人之间在思想、情感、价值观等方面的相互交流、相互影响以取得更多、更大共识的过程，不仅要面对群体的人，更要重视个体的人，这样才能使工作具有针对性，深入到每一个学生。高校思想政治工作要了解、尊重每一个学生，"以情动人，以理服人"，引导学生树立正确的人生观、世界观、价值观。

高校思想政治教育工作要适应青年学生身心特点和成长规律，深化大学生思想政治教育，构建与中小学有效衔接的高校德育课程、教材体系，创新高校思想政治理论课教育教学，推动社会主义核心价值观进

① 《毛泽东选集》第一卷，人民出版社 1991 年版，第 181 页。

教材、进课堂、进学生头脑。要引导青年学生坚持学以致用，深入基层、深入群众、深入西部、深入农村、深入一线，在改革开放和社会主义现代化建设的大熔炉中去学习锻炼，做出贡献。要注重发挥社会实践的养成作用，完善实践教育教学体系，开发实践课程和活动课程，加强实践育人基地建设，打造大学生校外实践教育基地与社会实践活动基地等实践育人共同体，组织青年学生参加力所能及的生产劳动和爱心公益活动、益德益智的科研、发明和创新创造活动、形式多样的志愿服务和勤工俭学活动。要充分运用大学生喜闻乐见的音乐、舞蹈、漫画、微视频等各种形式，通过精彩故事、鲜活语言、丰满人物展示生活中的真善美，传递积极的人生追求和高尚的道德情操，使青年学生在求知求乐求美的过程中产生思想共鸣、提升精神境界。要注重发挥校园文化的熏陶作用，加强高校报刊、广播电视、网络建设，完善校园文化活动设施，重视校园人文环境培育和周边环境整治，建设体现社会主义特点、时代特征、高校特色的校园文化。要适应“微时代”特点，用好用活“两微一端”等新媒体平台，丰富信息传播形态和传播样式，使思想政治工作更立体、更鲜活。要适应青年学生的信息需求特点，采取个性化、互动式的服务方式，量身定制一些思想政治教育新媒体产品，定向推送并精准服务学生，提高青年的关注度、参与度。要适应青年学生的语言风格和接受习惯，多讲接地气、有生气的网言网语，把讲道理与讲故事结合起来，让人们听得进、入得心。把准青年学生思想引领的舆论导向。坚持团结稳定鼓劲、正面宣传为主，把青年学生思想引领贯穿到日常形势宣传、主题宣传、典型宣传和舆论监督中，弘扬主旋律，传播正能量，不断巩固壮大积极健康向上的主流思想舆论。严格高校社团、讲座、论坛、报告会的管理，牢牢把握正确舆论导向。重视加强健康向上的校园网络舆论环境建设，强化对网上有害信息的甄别、抵制、批判能力，着力增强主动设置议题、研判网上思想动态、回应网上关切的方法艺术，熟练掌握网上信息发布、报送和舆论引导工作规程，不断提高应对网络舆情突发事件的能力。要创新工作机制，以培育网络名编名师、开办网络名站名栏、发表网络名篇名作为载体，引导支持学术大师、教学名师、优秀导师积极参与网络阳光评论，动员各方面资源集聚网上网下合力，使网络空间清朗起来。①

（四）遵循“三大规律”需要处理好“三对关系”

高校思想政治理论课作为高校思想政治工作的主渠道和主阵地，要切实提高其有效性，需要“遵循思想政治工作规律、教书育人规律、学生成长规律”，这三个规律蕴含于思政课教学的指导思想、教学内容、教学目标中。在思想政治理论课教学过程中遵循这三大规律，就需要处理好三对关系。

第一，指导思想上处理好一元与多元的关系。思想政治理论课的指导思想是“培养什么样的人、如何培养人以及为谁培养人”这个根本问题的具体表达，决定着我国高等教育的性质和发展方向。党自成立之日起，就把马克思主义作为自己的指导思想。我国的革命、建设和改革实践早已证明，只有马克思主义才能救中国，只有社会主义才能发展中国。这就决定了我们的思政课必须坚持以马克思主义为指导，传播马克思主义科学理论。随着全球化和我国对外开放的深入发展，以及信息化、网络化的发展，多元化思潮不断涌来，为各种思潮的传播提供了前

① 高山：《做好青年引路人　加强和改进高校思想政治工作》，《思想教育研究》2016年第8期。

所未有的便利。青年学生对于新技术、新平台的掌握能力较强，因而他们接触多元化思潮的途径也越来越广。这就要求我们在给学生讲授马克思主义理论科学性的同时，深入研究并讲授各种思潮的由来和实质，让青年学生在多元化思潮面前明辨是非。这方面要讲清楚两个问题。首先，指导思想一元化的普遍性。当前在指导思想问题上存在着一元与多元的争论，实际上，指导思想一元化几乎是所有国家执政党都很重视的事情。西方资本主义国家的指导思想一元化是资产阶级政党维护政治统治的需要，我们国家的指导思想一元化既是党治国理政的需要，也是实现最广大人民根本利益的需要。我们要讲清楚一元指导思想的重要性、马克思主义指导思想的科学性，使学生能够自觉抵制“马克思主义过时论”“指导思想多元化”等错误思潮，坚定理论自信。其次，错误思潮的危害性。我们要讲清楚新自由主义、民主社会主义、折衷马克思主义、复古主义等思潮的由来和实质，特别是结合苏联解体的教训，引导学生反思放弃马克思主义的后果以及错误思潮的危害。当前，尤其要提防历史虚无主义思潮对学生价值观可能造成的混乱。这就要求我们讲清楚马克思主义基础理论的科学性、马克思主义中国化的发展史、中国共产党的执政历程，用一元价值观引导学生多元思潮的倾向。

第二，教学内容上处理好抽象与具体的关系。思想政治理论课的教学内容是“培养什么样的人、如何培养人以及为谁培养人”这个根本问题的重要载体。教材中的理论是抽象的、枯燥的，对学生可能缺乏吸引力。这就要求我们在新形势下，结合新时期学生的认知特点，把教材体系转化为教学体系，把枯燥的理论转变为生动的讲授。要做到这些应当从两方面努力。首先，基本理论的问题化。高校思政课教材中的理论，一些学生觉得已经讲了很多年，缺乏新鲜感了。然而，熟知并非真知，他们并非透彻地了解理论的深层逻辑。因此，教师就要在理论中提炼问题，把问题贯穿在教学活动中，带领学生进行理论上的思考，努力实现概念之间的融会贯通，实现学生对于马克思主义理论的真知。其次，热点问题的理论化。思想政治理论课与专业课最大的区别在于其实践性，这个“实践性”并非普通专业课中的理论应用于实验或者设计，而是马克思主义理论与现实问题之间存在张力。实践是理论的来源，理论指导着实践。现实问题在引起学生关注的同时也会使他们产生困惑，这就要求教师对现实问题进行深入研究，作出理论上的解答，解决学生思想上的困惑，实现马克思主义理论的时代化。

第三，教学目标上处理好知识传授与价值观培育的关系。思想政治理论课的教学目标是对“培养什么样的人、如何培养人以及为谁培养人”这个根本问题的直接回答。当前思政课教学在一定范围内存在着教书与育人相脱节的问题。思想政治教育的目的是培养人，而培养人的核心是树立正确的价值观。作为思想政治教育的主渠道和主阵地，思想政治理论课理应把价值观培育作为教学工作的核心。如何实现知识传授与价值观培育的结合，则需要我们深入思考并作出解答。高校青年学生即将踏入社会，成为社会主义现代化建设的主力军，他们的价值观关系着社会主义事业的前途命运。这就要求社会主义核心价值观必须进教材、进课堂、进学生头脑。在思政课教学中，要讲清楚社会主义核心价值观的科学性，在与资本主义价值观的比较中，让学生认识社会主义核心价值观的深刻内涵和理论特质。此外，一种价值观要真正发挥作用，就要让人们能够具体地感知它和领悟它，这就要求教师要率先垂范，在理论上努力练就马克思主义的看家本领，自觉成为先进思想文化的传播者和党执政的坚定支持者，在实践中以身作则，以自身的道德修养和人格魅力感染学生，真正担当起学生健康成长的指导者和引路人的重任。[①]

四、坚持用好课堂教学主渠道

习近平总书记在全国高校思想政治工作会议上的重要讲话中指出：“要用好课堂教学这个主渠道，思想政治理论课要坚持在改进中加强，提升思想政治教育亲和力和针对性，满足学生成长发展需求和期待，其他各门课都要守好一段渠、种好责任田，使各类课程与思想政治理论课同向同行，形成协同效应。”用好课堂教学主渠道，可以从以下方面着手。

第一，关注学生、改革创新。关注学生、改革创新是吸引大学生注意力和提高思想政治理论课吸引力的前提。思想政治理论课教师要充分了解当代大学生的兴趣、情感、喜好、倾向、生活习惯、思维方式和思想观念意识等各方面情况，并针对不同门类、学科、专业、年级的大学生做到有的放矢，有针对性地把教材内容转化为教学内容。同时，还要充分尊重并联系大学生各方面实际。既要符合教育总体目标要求，又要符合学生成长特点和愿望及客观实际。教师在对教学内容进行筛选和讲授时，要突出以大学生为本的理念，尊重学生、关心学生、理解学生。课堂讲授要贴近学生的学习、生活和思想等各方面实际，聚焦并有力回答大学生普遍关注的社会现实生活、焦点、热点和难点及重大思想理论问题，从解决大学生最关心、最直接、最现实的利益问题入手，以小见大，借事说理，以理说事，关心大学生的疾苦冷暖和需求。努力在改革创新教学方法和手段上下功夫，增强课堂教学的时代感和实效性。一要

① 马骁毅：《思政课教学如何遵循“三个规律”》，《中国教育报》2017年2月16日。

努力克服把思想政治教育概念化、公式化、抽象化；二要注重教学手段、教学方法的改革创新，使教学方法、教学手段更富有时代性、感染力和穿透力；三要加强师生之间的平等沟通和互动交流，提升思想政治教育对话的吸引力，这样才能不断增强思想政治理论课的吸引力。

第二，遵循规律、实事求是。思想政治理论课不仅要有吸引力，更为重要的是还要有说服力。思想政治理论课要遵循规律讲道理，让学生深知马克思主义理论是科学的真理。首先，遵循客观规律，增强理论的科学性和说服力。既要看到成就和优势，更要敢于直面各种问题，用真理的逻辑力量和客观内容来打动、教育和说服大学生。其次，思想政治理论课讲授内容要与实际相符而不是相反。大学生通过网络和新媒体等对各种思想政治意识形态及其斗争有所了解，并受其影响而形成了某些粗浅的认识，同时还结合自己的各种感知和体验等形成了某种看法。因此，思想政治理论课讲授的内容要紧密结合大学生的切身感知和体验。再次，思想政治理论课不要回避问题和矛盾，而应直接面对，才能进一步增强说服力。

第三，敢于亮剑、讲究艺术。思想政治理论课要在以理服人的同时，还要做到以情感人。教师要有鲜明的态度，讲究语言艺术。首先，思想政治理论课教师要身体力行，真学真信真用，讲真理，说真话，增强思想政治理论课的真实可信度、可接受性及感染力，增强学生对马克思主义与中国特色社会主义共同理想的价值认同与情感认同。其次，教师要有鲜明的态度和立场。“立德树人”是思想政治教育的目的。思想政治理论课不仅要求教学要富有理性，更要有情感的参与，使课堂坚守为国为家的情怀，不仅要讲清马克思主义的科学真理性，同时还必须旗帜鲜明地高举追求真、善、美的大旗，勇于揭露现实生活中存在或滋生的各种虚假、邪恶、丑陋的东西，并加以严肃的批判。再次，思想政治理论课教师还要把语言艺术感染力作为载体和研究平台，掌握好思想政治教育语言艺术的科学性、准确性、真实性、鲜明性、生动性、幽默性、情感性、启发性等，通过精练优美的语言艺术感染力把政治理论进一步内化为大学生的理想信念和政治觉悟，化作指导他们人生和社会生活实践的精神力量。①

五、完善思政课课程教材体系

想要上好思政课，就要用好、讲好思政课教材。《关于深化新时代学校思想政治理论课改革创新的若干意见》对如何完善思政课课程教材体系作出了明确规定。高校要深入学习贯彻意见精神，切实办好高校思政课。

第一，整体规划思政课课程目标。在大中小学循序渐进、螺旋上升地开设思政课，引导学生立德成人、立志成才，树立正确世界观、人生观、价值观，坚定对马克思主义的信仰，坚定对社会主义和共产主义的信念，增强中国特色社会主义道路自信、理论自信、制度自信、文化自信，厚植爱国主义情怀，把爱国情、强国志、报国行自觉融入坚持和发展中国特色社会主义事业、建设社会主义现代化强国、实现中华民族伟大复兴的奋斗之中。大学阶段重在增强使命担当，引导学生矢志不渝听党话跟党走，争做社会主义合格建设者和可靠接班人。高中阶段重在提升政治素养，引导学生衷心拥护党的领导和我国社会主义制度，形成做社会主义建设者和接班人的政治认同。初中阶段重在打牢思想基础，引

① 汪勇：《充分用好课堂教学主渠道　增强思想政治教育实效性》，《贵州日报》2017 年 4 月 23 日。

导学生把党、祖国、人民装在心中，强化做社会主义建设者和接班人的思想意识。小学阶段重在启蒙道德情感，引导学生形成爱党、爱国、爱社会主义、爱人民、爱集体的情感，具有做社会主义建设者和接班人的美好愿望。

第二，调整创新思政课课程体系。加强以习近平新时代中国特色社会主义思想为核心内容的思政课课程群建设。在保持思政课必修课程设置相对稳定基础上，结合大中小学各学段特点构建形成必修课加选修课的课程体系。全国重点马克思主义学院率先全面开设“习近平新时代中国特色社会主义思想概论”课程。博士阶段开设“中国马克思主义与当代”课程，硕士阶段开设“中国特色社会主义理论与实践研究”课程，本科阶段开设“马克思主义基本原理概论”“毛泽东思想和中国特色社会主义理论体系概论”“中国近现代史纲要”“思想道德修养与法律基础”“形势与政策”等课程，专科阶段开设“毛泽东思想和中国特色社会主义理论体系概论”“思想道德修养与法律基础”“形势与政策”等必修课。各高校要重点围绕习近平新时代中国特色社会主义思想，党史、国史、改革开放史、社会主义发展史，宪法法律，中华优秀传统文化等设定课程模块，开设系列选择性必修课程。高中阶段开设“思想政治”必修课程，围绕学习习近平总书记最新重要讲话精神开设“思想政治”选择性必修课程。初中、小学阶段开设“道德与法治”必修课程，可结合校本课程、兴趣班开设思政类选修课程。

第三，统筹推进思政课课程内容建设。坚持用习近平新时代中国特色社会主义思想铸魂育人，以政治认同、家国情怀、道德修养、法治意识、文化素养为重点，以爱党、爱国、爱社会主义、爱人民、爱集体为主线，坚持爱国和爱党爱社会主义相统一，系统开展马克思主义理论教育，系统进行中国特色社会主义和中国梦教育、社会主义核心价值观教育、法治教育、劳动教育、心理健康教育、中华优秀传统文化教育。遵循学生认知规律设计课程内容，体现不同学段特点，研究生阶段重在开展探究性学习，本专科阶段重在开展理论性学习，高中阶段重在开展常识性学习，初中阶段重在开展体验性学习，小学阶段重在开展启蒙性学习。

第四，加强思政课教材体系建设。国家教材委员会统筹大中小学思政课教材建设，科学制定教材建设规划，注重提升思政课教材的政治性、时代性、科学性、可读性。国家统一开设的大中小学思政课教材全部由国家教材委员会组织统编统审统用，在教材中及时融入马克思主义中国化最新成果、坚持和发展中国特色社会主义最新经验、马克思主义理论学科最新研究进展。地方或学校开设的思政课选修课教材，由各地负责组织审定。研究编制习近平新时代中国特色社会主义思想进课程教材指导纲要，研究编制中华优秀传统文化、革命文化、社会主义先进文化、科技创新文化及总体国家安全观等进课程教材指南，编制中华民族古代历史和革命建设改革时期英雄人物、先进模范进课程教材图谱，分课程组织编写高校思政课专题教学指南，组织专家编写深度解读教材体系的示范教案，实施思政课优秀讲义出版工程，开列马克思主义经典著作、当代中国马克思主义理论著作、中华优秀传统文化典籍书单，建设思政课网络教学资源库。

六、加强思政课教师队伍建设

教师是立教之本、兴教之源。办好思政课，离不开一支政治素质过硬、业务能力精湛、育人水平高超的高素质专业化思政课教师队伍。党的十八大以来，以习近平同志为核心的党中央高度重视学校思想政治工作，注重加强思政课教师队伍建设，思政课教师队伍持续壮大、结构不断优化、整体素质进一步提升，形成了一支可信、可敬、可靠，乐为、敢为、有为的思政课教师队伍。

“办好思想政治理论课关键在教师，关键在发挥教师的积极性、主动性、创造性。”2019 年 3 月，习近平总书记在学校思想政治理论课教师座谈会上，高度评价思政课教师队伍在铸魂育人、立德树人方面的重大作用，深情嘱托广大思政课教师要给学生心灵埋下真善美的种子、引导学生扣好人生第一粒扣子，对加强思政课教师队伍建设提出了明确要求：“第一，政治要强，让有信仰的人讲信仰，善于从政治上看问题，在大是大非面前保持政治清醒。第二，情怀要深，保持家国情怀，心里装着国家和民族，在党和人民的伟大实践中关注时代、关注社会，汲取养分、丰富思想。第三，思维要新，学会辩证唯物主义和历史唯物主义，创新课堂教学，给学生深刻的学习体验，引导学生树立正确的理想信念、学会正确的思维方法。第四，视野要广，有知识视野、国际视野、历史视野，通过生动、深入、具体的纵横比较，把一些道理讲明白、讲清楚。第五，自律要严，做到课上课下一致、网上网下一致，自觉弘扬主旋律，积极传递正能量。第六，人格要正，有人格，才有吸引力。亲其师，才能信其道。要有堂堂正正的人格，用高尚的人格感染学生、赢得学生，用真理的力量感召学生，以深厚的理论功底赢得学生，自觉做为学为人的表率，做让学生喜爱的人。”《关于深化新时代学校思想政治理论课改革创新的若干意见》再次强调，要建设一支政治强、情怀深、思维新、视野广、自律严、人格正的思政课教师队伍，并对如何加快壮大学校思政课教师队伍、切实提高思政课教师综合素质、切实改革思政课教师评价机制、加大思政课教师激励力度、加强思政课教师队伍后备人才培养等工作作出详细规定。

落实立德树人根本任务、培养担当民族复兴大任的时代新人，思政课教师队伍使命光荣，责任重大。加强思政课教师队伍建设，就要按照习近平总书记提出的六个方面的要求，坚持政治要强、情怀要深、思维要新、视野要广、自律要严、人格要正。这六个方面的要求，是思政课教师队伍建设的重要标准，也是思政课教师提升素质和水平的努力方向。广大思政课教师只有在大是大非面前保持政治清醒，在党和人民的伟大实践中关注时代、关注社会，汲取养分、丰富思想，善于引导学生树立正确的理想信念、学会正确的思维方法，以宽广的知识视野、国际视野、历史视野把一些道理讲明白、讲清楚，做到课上课下一致、网上网下一致，自觉做为学为人的表率、成为让学生喜爱的人，才能适应新时代发展需要，更好担负起时代赋予的重任。

“水之积也不厚，则其负大舟也无力。”传道者自己首先要明道、信道，育人者要先受教育。追求并确立大境界、大胸怀、大格局，就能给学生指点迷津、引领人生航向。广大思政课教师要自觉与习近平总书记提出的六个方面要求对标，以德立身、以德立学、以德施教，坚持教书和育人相统一，坚持言传和身教相统一，坚持潜心问道和关注社会相统一，坚持学术自由和学术规范相统一，自觉发挥积极性、主动性、创造性，用高尚的人格感染学生、赢得学生，用真理的力量感召学生，以深厚的理论功底赢得学生。

七、着力推动思政课改革创新

因事而化、因时而进、因势而新。办好思政课，必须推动改革创新。“推动思想政治理论课改革创新，要不断增强思政课的思想性、理论性和亲和力、针对性。”2019 年 3 月，习近平总书记在学校思想政治理论课教师座谈会上明确提出了推动思政课改革创新的重要目标，深入阐释了必须坚持的重要原则，为推动思政课改革创新指明了方向和路径，对于在新时代更好贯彻党的教育方针、落实立德树人根本任务具有重大意义。

着力推动思政课改革创新，要深刻把握“八个相统一”，即坚持政治性和学理性相统一，坚持价值性和知识性相统一，坚持建设性和批判性相统一，坚持理论性和实践性相统一，坚持统一性和多样性相统一，坚持主导性和主体性相统一，坚持灌输性和启发性相统一，坚持显性教育和隐性教育相统一。这“八个相统一”，是思政课建设长期以来形成的一系列规律性认识和成功经验的科学概括，是推动思政课改革创新的重要原则。这“八个相统一”，直面思政课建设过程中的重大问题和广大教师关心的热点问题，从理论与实践相结合上作出了深刻回答，是不断增强思政课思想性、理论性和亲和力、针对性的关键所在。

第一，要坚持政治性和学理性相统一，以透彻的学理分析回应学生，以彻底的思想理论说服学生，用真理的强大力量引导学生。思政课肩负着培养一代又一代社会主义建设者和接班人的神圣使命，必须旗帜鲜明讲政治，彰显政治属性。对此，新时代思政课要坚定政治立场、凸显政治智慧，贯彻党的理论和路线方针政策，引导广大师生同党中央保持高度一致，强化政治担当。思政课的政治属性建立在逻辑严密的学理性基础上，必须以透彻的学理分析回应学生。因此，思政课还要有深度、有力度，运用精粹的马克思主义理论释学生之惑，实现以彻底的思想理论说服学生，用真理的强大力量引导学生。

第二，要坚持价值性和知识性相统一，寓价值观引导于知识传授之中。价值性与知识性，是蕴含于思想政治教育的两种重要元素。思政课不仅要传授丰富的知识，培育学生认识世界的理智态度、判断能力和扎实的知识基础，还要用知识成果滋养价值观念。如果把思政课的价值属性剥离出去，仅将其视为价值中立的知识性传播活动，那就遮蔽了思想政治教育的本质。因而作为落实立德树人根本任务的关键课程，思政课要寓价值观引导于知识传授之中，挖掘学科中的真善美因素，将做人与做学问紧密统一，帮助学生形成端正的道德品行和正确的价值取向，塑造学生的灵魂。

第三，要坚持建设性和批判性相统一，传导主流意识形态，直面各种错误观点和思潮。推动思政课改革创新必须坚持建设性和批判性相统一：一方面要牢牢把握思政课的整体建设，以“四个服务”为根本方向，构建科学合理的教材教学体系、学科支撑体系、人才培养体系、综合评价体系、条件保障体系，全面发挥思政课的主渠道作用，唱响主旋律、弘扬正能量，传导主流意识形态；另一方面，又要继承马克思主义理论的批判性传统，将马克思主义的立场观点方法贯穿到教学科研的全过程，做好理论斗争、舆论斗争，旗帜鲜明地批判各种错误观点和思潮，引导青年学生正确评价社会现象，褒良贬劣。

第四，要坚持理论性和实践性相统一，用科学理论培养人，重视思政课的实践性，把思政小课堂同社会大课堂结合起来，教育引导学生立鸿鹄志，做奋斗者。思政课兼具理论性和实践性，做到两者的辩证统一是两者关系的应然状态。首先，必须坚持思政课的理论性。要坚持和发展马克思主义，用马克思主义中国化的最新理论成果武装学生头脑、指导学生行动，引导学生针对社会问题做出深刻的逻辑论证和理性思考，用习近平新时代中国特色社会主义思想铸魂育人，实现用科学理论培养人。其次，必须重视思政课的实践性。把思政小课堂同社会大课堂结合起来，完善集教学科研、创新活动、社会实践、文化养成等于一体的实践教学模式，按照课堂教学要求确定实践活动主题及方式，激励学生主动参与社会实践，在实践中教育引导学生立鸿鹄志，做奋斗者。

第五，要坚持统一性和多样性相统一，落实教学目标、课程设置、教材使用、教学管理等方面的统一要求，又因地制宜、因时制宜、因材施教。思政课改革创新是循着统一性和多样性辩证关系的轨道不断向前演进的。在坚持统一性方面，要落实教学目标、课程设置、教材使用、教学管理等方面的统一要求，进一步明确思政课课前、课中和课后的全流程管理，规范统筹学分设置、教务安排、教学方法、教研管理、考核评价等教学工作，切实强化其价值引领。在坚持多样性方面，要因地制宜，整合校内外教育资源，开发地区实践教学资源，构建“大思政”新格局；要因时制宜，思政课的目标原则、内容任务、方法手段等应紧扣时代脉搏、反映时代要求，抓住学生思想政治教育的时代主题；要因材施教，结合学生的专业特点、个性特点，实施精准化教学，使思政课真正打动学生的内心。

第六，要坚持主导性和主体性相统一，思政课教学离不开教师的主导，同时要加大对学生的认知规律和接受特点的研究，发挥学生主体性作用。教师“教”与学生“学”之间的关系，是教师主导性与学生主体性的关系，两者有机统一。首先，思政课教学离不开教师的主导。教师是学习活动的组织者和引导者，在教学内容选择、教学方法运用、教学进程安排、学生成绩评价等方面发挥主导作用，通过系统有计划的知识传授、言传身教等方式对学生的思想行为产生重大影响。对此，习近平总书记强调，思政课教师政治要强、情怀要深、思维要新、视野要广、自律要严、人格要正，自觉做为学为人的表率。其次，还要发挥学生主体性作用。要加大对学生的认知规律和接受特点的研究，掌握学生思想观念的具体特点、最新动向，在立足学生成长需要的基础上，突出学生主体地位，让每一位学生得到充分而全面的发展。

第七，要坚持灌输性和启发性相统一，注重启发性教育，引导学生发现问题、分析问题、思考问题，在不断启发中让学生水到渠成得出结论。灌输和启发是思想政治教育的重要对偶范畴。灌输教育与实践中存在的填鸭式、教条化教育不同，其本质是马克思主义理论的系统教育。坚持灌输教育，符合学生思想品德形成发展的要求，因为科学的理论不可能自己跑到学生的头脑中，也不能自发产生，需要从外面灌输进去，用科学的理论武装青年。新时代实行灌输教育，要结合新问题、新实际，丰富理论内容，拓展网络阵地，优化教育艺术，运用鲜活的生活叙事，巧妙实现教师与学生的思想对接。同时，要注重启发性教育，通过设计学生自主阅读、思考讨论等富有启发性的环节，引导学生发现问题、分析问题、思考问题，调动学生的主动性、积极性、自觉性，在不断启发中让学生水到渠成地得出结论。

第八，要坚持显性教育和隐性教育相统一，挖掘其他课程和教学方式中蕴含的思想政治教育资源，实现全员全程全方位育人。显性教育与隐性教育是相得益彰的辩证统一关系。一方面，要坚持显性教育。在思政课教学中，应根据教学目标、教学内容、学生知识结构、学生特点需求和接受习惯等进行科学的教学设计，结合“慕课”、微课、翻转课堂等智慧教学模式，有效传授理论知识，锻造学生思维方式，培养学生情感素养。另一方面，还要坚持潜移默化的隐性教育。要在思政课中渗透隐性教育的方法，运用人文精神熏陶、日常互动交流等隐性化、柔性化的方式，触发学生接受的兴奋点，实现入芝兰之室久而自芳的效果；要挖掘其他课程和教学方式中蕴含的思想政治教育资源，将思想政治教育浸润到其他课程，融入学生组织管理、志愿服务、社会实践、校园文化建设等过程中，实现全员全程全方位育人。[①]

《关于深化新时代学校思想政治理论课改革创新的若干意见》从加大思想性、理论性资源供给，加大思政课教研工作力度，切实加强思政课课题研究和成果交流等方面对不断增强思政课的思想性、理论性和亲和力、针对性作出规定，并明确要求全面提升高校马克思主义学院建设水平。强化“马院姓马、在马言马”的鲜明导向，把思政课教学作为高校马克思主义学院基本职责，将马克思主义学院作为重点学院、马克思主义理论学科作为重点学科、思政课作为重点课程加强建设，在发展规划、人才引进、公共资源使用等方面给予马克思主义学院优先保障。建好建强一批全国重点马克思主义学院和示范性马克思主义学院，依托有条件的高校马克思主义学院建设一批习近平新时代中国特色社会主义思想研究院。建立和完善马克思主义理论学科体系，实施马克思主义理论学科领航工程，在马克思主义理论学习研究宣传上发挥引领带动作用。全面推动各地宣传、教育等部门共建所在地区高校的马克思主义学院。实施马克思主义学院院长培养工程，加强马克思主义学院领导班子建设。

① 安娜：《推动思政课改革创新，牢牢坚持八个“相统一”》，光明网，2019 年 3 月 24 日。

八、党的领导是思政课建设的根本保证

办好中国的事情，关键在党。加强党的领导是做好教育工作的根本保证。始终坚持马克思主义指导地位，把思想政治工作贯穿学校教育管理全过程，是我们党领导教育事业的一条重要经验。

党中央历来高度重视思想政治理论课建设。毛泽东同志指出："什么叫政治思想工作？政治思想工作是为了争取群众嘛。不考虑争取群众，谈不上政治思想工作。"[①] 思想政治工作是学校各项工作的生命线，这是政治问题、方向问题，是办好学校思想政治理论课的根本遵循。改革开放以来，我们党在不断总结实践经验的基础上，对高校思想政治教育基本理论和实践问题进行了深入研究和探索，形成了丰硕的理论成果和实践成效。邓小平同志反复强调，青少年是祖国的未来，一定要教育好我们的后代，培养造就有理想、有道德、有文化、有纪律的具有社会主义觉悟的一代新人。江泽民同志多次强调，正确引导和帮助青少年学生健康成长，使他们能够德智体美全面发展，是一个关系我国教育发展方向的重大问题。2005 年初，胡锦涛同志在全国加强和改进大学生思想政治教育工作会议上指出，培养什么人，如何培养人，是我国社会主义教育事业发展中必须解决好的根本问题。要以理想信念教育为核心，以爱国主义教育为重点，以思想道德建设为基础，以大学生全面发展为目标，培养德智体美全面发展的社会主义合格建设者和可靠接班人。

党的十八大以来，以习近平同志为核心的党中央高度重视思想政治工作，中国特色社会主义思想政治工作进入了新时代。2016 年 12 月 8 日，习近平总书记在全国高校思想政治工作会议上指出，"高校思想政

① 中央文献研究室编：《毛泽东传》第四册，中央文献出版社 2011 年版，第 1619 页。

治工作关系高校培养什么样的人、如何培养人以及为谁培养人这个根本问题”“要教育引导学生正确认识世界和中国发展大势”“正确认识中国特色和国际比较”“正确认识时代责任和历史使命”“正确认识远大抱负和脚踏实地”“不断提高学生思想水平、政治觉悟、道德品质、文化素养，让学生成为德才兼备、全面发展的人才”。2018 年五四青年节前夕，习近平总书记在北京大学师生座谈会上强调上指出：“人才培养体系必须立足于培养什么人、怎样培养人这个根本问题来建设，可以借鉴国外有益做法，但必须扎根中国大地办大学。”他鼓励广大青年在具有执着的信念、优良的品德、丰富的知识、过硬的本领的基础上，要爱国、励志、求真、力行。2018 年教师节，习近平总书记在全国教育大会上强调，培养什么人，是教育的首要问题。我国是中国共产党领导的社会主义国家，这就决定了我们的教育必须把培养社会主义建设者和接班人作为根本任务，培养一代又一代拥护中国共产党领导和我国社会主义制度、立志为中国特色社会主义奋斗终身的有用人才。这是教育工作的根本任务，也是教育现代化的方向目标。2019 年 3 月，习近平总书记在学校思想政治理论课教师座谈会上指出：“办好思想政治理论课，最根本的是要全面贯彻党的教育方针，解决好培养什么人、怎样培养人、为谁培养人这个根本问题。新时代贯彻党的教育方针，要坚持马克思主义指导地位，贯彻新时代中国特色社会主义思想，坚持社会主义办学方向，落实立德树人的根本任务，坚持教育为人民服务、为中国共产党治国理政服务、为巩固和发展中国特色社会主义制度服务、为改革开放和社会主义现代化建设服务，扎根中国大地办教育，同生产劳动和社会实践相结合，加快推进教育现代化、建设教育强国、办好人民满意的教育，努力培养担当民族复兴大任的时代新人，培养德智体美劳全面发展的社会主义建设者和接班人。”

从“培养什么人”，到“如何培养人”，再到“为谁培养人”，我们党对于这一根本问题的认识不断深化，作出了创造性回答和创新性发展，深刻揭示和探索了思想政治教育的原则和规律，指明了德智体美劳全面发展的根本道路，确立了思想政治教育的科学方法论，为新时代思政课建设提供了根本保证和坚强领导力量。

加强党对思政课建设的领导，首先就要深化思想认识。培养什么人，是教育的首要问题。正如习近平总书记所强调的：我们党立志于中华民族千秋伟业，必须培养一代又一代拥护中国共产党领导和我国社会主义制度、立志为中国特色社会主义事业奋斗终身的有用人才。在这个根本问题上，必须旗帜鲜明、毫不含糊。我们办中国特色社会主义教育，就是要理直气壮开好思政课，用习近平新时代中国特色社会主义思想铸魂育人。实践充分证明，只有牢牢掌握党对教育工作的领导权，加强党对思政课建设的思想政治领导，才能确保学校思政课建设的正确政治方向，确保学校用科学理论培养人、用正确思想引导人，培养好德智体美劳全面发展的社会主义建设者和接班人。

加强党对思政课建设的领导，还要明确责任、落实任务。习近平总书记对各级党委、学校党委提出了明确要求，必须落到实处、落到细处。对于各级党委来说，就要把思想政治理论课建设摆上重要议程，抓住制约思政课建设的突出问题，在工作格局、队伍建设、支持保障等方面采取有效措施；建立党委统一领导、党政齐抓共管、有关部门各负其责、全社会协同配合的工作格局，推动形成全党全社会努力办好思政课、教师认真讲好思政课、学生积极学好思政课的良好氛围。对于学校党委来说，就要坚持把从严管理和科学治理结合起来，学校党委书记、校长要带头走进课堂，带头推动思政课建设，带头联系思政课教师；配齐建强思政课专职教师队伍，建设专职为主、专兼结合、数量充足、素质优良的思政课教师队伍。加强党对思政课建设的领导，还要把统筹推进大中小学思政课一体化建设作为一项重要工程，推动思政课建设内涵式发展；完善课程体系，解决好各类课程和思政课相互配合的问题。唯其如此，方能为思政课建设提供根本保证，让思政课堂焕然一新。

创新案例

中央美术学院：积极推进思政课改革创新

中央美术学院深入贯彻落实全国高校思想政治工作会议和学校思想政治理论课教师座谈会精神，积极推进思政课教学模式改革，结合学校特色不断创新形式丰富内容，提升思想政治教育亲和力和针对性，努力培养德智体美劳全面发展的社会主义建设者和接班人。

建立健全工作机制，提供“强有力”保障。成立思想政治理论课建设领导小组，学校党委书记、院长任组长，每学期至少召开一次专门会议，研究思政课建设工作；领导小组主要成员每学年至少讲一次思政课；每年进行一次专项督查，总结经验、发现问题、督促改进。制定《全面加强思想政治理论课建设的工作方案》，明确每学年召开一次专题研究思政课建设的党委会，分管校领导每学期至少到思想政治理论课教学部现场办公一次，推进思政课建设。制定《进一步推进“五位一体”思想政治理论课教学改革实施方案》，明确每门课程教学均由课堂串讲、名师讲座、经典阅读、课堂讨论、实践教学五个环节组成，校领导每学年对每门课程至少听课两次。成立美育研究中心，围绕弘扬中华美育精神做好新时代美育工作访谈了三十余位名师大家，形成《中华美育精神访谈录》；录制美育“慕课”，设立美育大讲堂，筹备“弘扬中华美育精神”理论研讨会；聘请资深专家担任特聘教授，带领学术团队在教育教学、艺术实践、人才培养和服务社会过程中融入美育，不断提升学院美育研究的影响力。

推动课堂教学改革，发挥“主渠道”作用。丰富思政课程设置，开设硕士研究生课程“马克思主义美育研究专题”，提升硕士生理论水平、艺术审美和人文素养。开设港澳台学生课程“中国文化专题”，增强港澳台学生对祖国传统文化的了解和认同。开展全校新生同上“第一堂思政课”教学活动，二十二名思政课教师共同在入学教育阶段为新生上课，提高学生对思政课的思想认识和学习兴趣。《马克思主义基本原理概论》课程推出“读经典”手绘笔记系列展示，深化对课堂内容和经典著作的理解，使思政课“活”起来。组织形式多样的小班教学课堂，以讨论发言、演讲、辩论和情景剧表演等形式开展教学。举办“毛泽东思想和中国特色社会主义理论体系概论”课程作业展，以“我的祖辈和我的祖国——央美的先生们”为主题，展示学生采访央美先生们的精彩语录、采访视频和采访感想，在课程和作业中体会历史的选择，获得思想的力量。

完善思政课程体系，助力“全方位”育人。邀请思政领域专家学者，举办“名家讲座”和“艺术名家领读经典”系列讲座。学校党委书记、院长围绕“文艺史观与马克思主义”“艺术创作与时代脉搏”等主题开展讲座，提升思政课吸引力、感染力和说服力。在校史馆、北京中华世纪坛、鲁迅博物馆等地开展实践教学活动，在山东省沂蒙党性教育基地建立实践教学基地，充分利用其丰富的红色教育资源开展实践教学活动。组织学生赴青海、陕西、广西、浙江等地拍摄纪录片《我的祖辈与我的祖国》，举办“我的祖辈与我的祖国——中国近现代史纲要情景教学公开课”，通过诵读诗歌、合唱、民乐社演奏等形式，将课堂教学与艺术院校的专业特点相结合，切实提高思政育人实效。以习近平新时代中国特色社会主义思想、党的十九大精神、全国两会精神等为主题，创作中国画、油画、版画、雕塑、插画等多种形式的艺术作品，促进思政教学入脑入心。推进网络思想政治教育平台建设，录制课程二十余小时；通过“笔墨与时代”微信公众号开展思想政治教育，明确定位导向，唱响主旋律。

加强师资队伍建设，实现“高水平”办学。组织思政课教师召开习近平总书记在学校思想政治理论课教师座谈会上的重要讲话精神专题学习会，提升育人能力和水平。招聘专职教师，优化思想政治理论课教师队伍年龄、学科与学历结构。推动马克思主义学院与知名高校马院签订“1+1”共建协议，在教学质量、学术科研、学科建设及师资队伍等方面不断提升。定期开展多种形式的业务学习与学术交流，组织思政课教师积极参加示范培训、课程培训或骨干研修。鼓励专任教师积极承担党的思想理论建设和宣传教育工作，在服务社会中提升思想政治理论水平。对申请国家级和省部级科研课题的思政课教师给予配套资金支持，在科研立项方面设置单独系列，鼓励挖掘中央美术学院近百年办学历程的红色资源，使思想政治理论课具有理论说服力和艺术感染力。完善专业技术职务评聘和奖励机制，设置单独思政课专业技术职务评聘系列，明确高级职称岗位的标准和比例。加大奖励力度，对开发具有学院特色思政课、教学方法新颖、育人效果明显的教师予以表彰。

（来源：中央美术学院，2019 年 6 月 28 日）

第七章

“互联网 +”环境下思政教育新媒体应用

“互联网 +”是对高校思想政治工作媒介、平台的创新。高校必须以直面挑战、主动而为的态度，着力建设符合大学生特点、满足大学生需求、深受大学生喜爱的网络阵地。

一、“互联网 +”环境下思政教育新机遇

当今世界，以互联网为代表的信息技术日新月异，极大地改变和影响着人们生活，也给思想政治教育带来新的机遇和挑战。2015 年 7 月，国务院印发了《关于积极推进“互联网 +”行动的指导意见》，明确提出“鼓励学校利用数字教育资源及教育服务平台，逐步探索网络化教育新模式”。2017 年 2 月，中共中央、国务院印发了《关于加强和改进新形势下高校思想政治工作的意见》，指出要推进高校思想政治工作改革创新，加强互联网思想政治工作载体建设。这要求我们建好用好互联网这一思政教育新平台，运用学生喜欢的表达方式，创新开展思政教育活动，不断推进思想政治教育工作的新发展。

第一，思想政治教育的内容更加开放多元。长期以来，思想政治教育内容的设定主体侧重授教者，由思想教育工作者根据当代大学生既定的培养目标和培养方案设计制定，缺点是由于传统媒介信息容纳有限，导致信息来源单一，信息交互较差，而且教育内容的有效程度严重受限于授教者个体的知识储备和个人能力素质。大学生接受的教育知识内容有局限，不定因素较多，无法最大限度地满足大学生成长成才的需求。作为全球最大的信息资源库，网络内容涉及社会生活各领域，网络的传播工具也由电脑快速向手机等移动互联网平台迁移，网络媒体颠覆了“纸媒”时代，将传统的报纸、期刊、电视等传播形式的优势予以整合，信息存储量呈几何级数增长，信息更新及时迅速、信息查询即时便捷。无论是对于思想政治教育工作者还是大学生群体，网络的开放性都为其提供了最广阔的资源共享平台，人们可以自由分享最前沿的教育科研成

果和最优质的教学资源，可以根据自己的意愿定向捕获需求信息，也可以有选择地寻求指导和帮助。教育内容的丰富多元为高校思想政治教育工作开辟了新的道路，使教育理论和现实指导有机结合，充分体现思想政治教育与时俱进的本质和特征。

第二，思想政治教育方式方法更加直观多变。“互联网＋”环境下，大学生的独立意识和自我意识不断增强，对于教育教学方式的选择有了更加自主的判断。高校传统的思想政治教育倾向于“你讲我听”的灌输式教育，往往有时间、地点、场地、语言等的限制，是一种自上而下“面对面”的教育，这种教育方式的有效性已经逐渐弱化。随着网络信息技术的快速发展，网络交流的平等性和交互性，改变了传统的单向灌输的教育方式，营造了师生平等参与的互动、开放的教学模式，激发了大学生主观需求的应答和主体作用的体现。网络媒体的直观性和媒介性为受教育者提供了集声音、图像、文字于一体的画面，使教学内容立体化，更加直观、形象，使教学方式更现代化、全面和个性。同时充分调动大学生的思维和感官，让教育主客体之间有效互动，交互效果明显。在互联网的影响下，形式多样、手段新颖、平台丰富的教育方法使思想政治教育工作充满活力。

第三，思想政治教育针对性实效性得以加强。判断思想政治教育是否有成效，不单单是看师生间思想的互动和交流有多频繁，更应该看重的是师生之间情感的交融和契合有多深入。当前大学生对网络的依赖度很高，开放与包容的互联网思维正在逐步虚化高校、社会之间的围墙。网络信息的即时性特点，使得教育者可以在第一时间了解受教育者的所思所想、所忧所盼、所急所需，并能够实时开展交流、沟通和引导；可以依托大数据舆情研判，反馈问题实质从而有效应对；可以有效预警并采取紧急应对从而防患未然。网络环境的虚拟性特点，可以营造一个互信空间，可以打破师生之间的交流壁垒，可以拉近彼此的心理距离，可以推心置腹的畅所欲言，也可以针锋相对的各抒己见，这就使得思想教育工作者在与学生互信的交流中，可以更加客观全面地掌握学生的真实诉求和思想动态，增强教育的信任感和信服力，从而有的放矢地开展教育引导，进一步增强思想政治教育的针对性和实效性。

二、“互联网 +”环境下思政教育面对的挑战

据第 43 次《中国互联网络发展状况统计报告》显示，截至 2018 年 12 月，我国网民规模达 8.29 亿，互联网普及率达 59.6%，手机网民规模达 8.17 亿。网民群体中，学生占比最高，达 25.4%。由此可见，互联网已全面融入学生日常学习生活各方面，植入深、范围广、影响大，大学生思想政治教育在“互联网 +”环境下面临着巨大挑战。

第一，学生价值观念受到信息对碰负面影响。互联网的开放性导致信息选择的高度自由，弱化了意识形态的差异，突破了国别和地域的界限，造成了不同文化、思想和政治观念之间的激烈碰撞与交融，也导致了网络信息的良莠不齐，真伪难辨，难以进行严格筛选有效管控，使得网络泥沙俱下鱼龙混杂，低级庸俗的垃圾信息和腐朽奢靡的价值理念时有出现，严重干扰了大学生积极向上的世界观、人生观和价值观的养成，对大学生思想政治教育深入推进和有效开展造成了严重阻碍。

第二，学生学习生活受到网络依赖负面影响。互联网体现的虚拟化、数字化生活方式，为大学生的学习生活带来便利，但也使学生的依赖越来越严重，特别是对手机等互联网终端极易形成比传统 PC 端网络更为严重的“网瘾”。移动端的便携性和 4G 网络的全面开放，智能机

的普及和低廉的资费价格都造成了青年学生群体“随机”“随网”的长期在线状态，占据了学习生活的很大部分比重，一旦离开了互联网就无法专心致志地投入学习，甚至生疏了生活本能。大学生对网络世界的沉迷，使他们对现实世界越来越冷漠，导致缺乏人际交流沟通机会，严重降低人际交往能力和处理复杂现实问题的能力。学生长期在现实世界与虚拟世界的“任性穿梭”，不分时间、不分场合，甚至经常通宵达旦地在网络上蛰伏，长此以往，严重影响大学生的身心健康。

第三，教育方式应激转型的正面影响不明显。面对互联网技术快速发展的新形势，急需教育方式应激转型，以快速适应和满足学生的所需所求。在现阶段的思想政治教育教学过程中，虽然已统一了思想认识，融入了多媒体教育手段，搭建了信息化教育平台，但是应变办法还不多，谋篇布局的目光还不够远，技术跟进还不够及时，专业队伍尚不完备，制度体制还不健全，经费投入还不到位，教育内容耐受性弱，针对性还不够，实效性还不强。当前，学生获取信息来源非常广泛，远远超出课堂教学内容，教育空间更加开放化，网络上纷繁的文化差异及价值观差异也会对学生的思想政治教育带来一定的冲击和影响。如果教育方式转身慢，出手偏，内容虚飘，绵软无力，将很容易错失这一重要的意识形态教育阵地。

三、“互联网 +”环境下思政教育的特点和规律

相比传统的思想政治教育特别是课堂上的思想政治教育，网络思想政治教育是“网络 + 教育”，是无边界无时间限制的互联网与教育终端、教育平台的结合。这种思想政治教育方式是网络属性和教育属性的综合叠加，有其自身的特点和规律。

第一，教育性。网络思想政治教育，顾名思义，其教育功能应该是首要的、第一位的。坚持网络思想政治教育的教育属性，要求我们在开展网络思想政治教育时要始终与我国社会主义社会发展的方向要求相一致，坚持正确的政治方向和政治立场，使马克思主义创新理论成果入脑入心，进一步巩固马克思主义在意识形态领域的指导地位。要把教育性渗透到网络思想政治教育的具体工作实践中，坚持问题导向、实践导向，发出权威的、正面的声音，努力使马克思主义的真理力量像空气一样无所不在、无时不有。

第二，交互性。即时交互是网络的重要特点之一，有效规避了传统思想政治教育“面对面”灌输的一些弊端，增强了思想政治教育的生动性。借助手机平台，受众之间、受众与专家之间实现互动，为马克思主义大众化传播创造了积极条件。同时可以利用网络的交互服务功能，在提供服务过程中实现潜移默化的传播，使网民增进认识、深化理解。这种交互性，还通过网络拉近了民众之间的距离，增加了理论走进人民、鼓舞人民的可能性，也有利于激发学习热情。

第三，碎片化。网络思想政治教育偏重于碎片化传播，网民也习惯于接受和阅读碎片化的文字。要注意把握这种碎片化传播的特征，善于利用各类传播媒介优势，形成网络思想政治工作的合力。还要善于使用网络新技术，使思政教育有更丰富的色彩、更通俗的语言、更形象的图片，使广大网民可以更直观地领悟马克思主义创新理论的精髓与魅力，从而达到思想政治教育的更好效果。

第四，定制性。传统思想政治教育使学生被动地接受理论知识，导致理论和实践的脱节。网络算法的网络大数据推荐功能的普遍使用，给网络思想政治教育的定制化提供了条件和可能。通过掌握网民对马克思主义理论的关注点，利用网络算法推荐相关文章，帮助其有效学习理解马克思主义理论，变被动学习为主动接纳认同。[①]

四、"互联网 +"环境下思政教育创新路径

在"互联网 +"环境下，大学生思政教育应不断创新，才能达到预期的成效。

（一）建立课堂教学、互联网在线教学与实践教学相结合的教学体系

"95 后"大学生是成长于网络时代的一代年轻人，获取知识、接受信息的习惯与以往大学生有着明显不同。我们要适应这样的变化，利用网络对思政课教学内容、教学方式进行全新包装，建立起思政课的课堂教学、互联网在线教学与实践教学相结合的教学体系。

一是思政课的课堂教学。在课堂教学中，运用多媒体技术，采用文字、图像、动画、视频等多种信号给学生视觉、听觉等多种感官刺激，使学生很快抓住知识要点和线索，便于增强直观教学，加深学生对抽象理论的理解，在愉快地欣赏中学习、思考，充分发挥其主体地位。但是需要注意的是，课堂教学的主导和主体分别是教师和学生，都是活生生的人，现代信息技术只是辅助教学工具。由于思想政治理论的抽象与枯燥，教师需要把逻辑的力量同情感的力量结合起来，把透彻的说理同鲜活的语言结合起来，切实提高思政课的吸引力和感染力，这是多媒体技术不能取代的。教师选用多媒体课件辅助教学时，切勿忽视与学生的情感交流，要给学生留出思考的空间。

① 杨丽娟：《用好互联网这一思政教育新平台》，《国家治理》周刊 2019 年 1 月 21 日。

二是思政课的互联网在线教学。高校提倡自主学习，网络在线课程能够满足学生们的需求。为此，需要搭建思政课网络教学平台，采用微课、“慕课”、翻转课堂等形式，让学生们在网络平台上注册学习，观看在线视频、学习课程提供的精准阅读材料，完成在线习题和测试。这样学生随时随地拿出手机就能自学，不需要太多时间就能掌握基本知识。教师应该做到如何利用好网络平台，把单调枯燥的理论知识放进丰富多彩的网络页面，吸引学生们主动学习；再加以引导，让学生带着问题去看待和研究理论，不仅可以有效解决问题，形成认识，也可以提高思政课程的学习效率。

在网络平台的考核机制中，可以创新性地引入了学生爱玩的网络游戏中的社会化竞争机制，让每一位同学的学习表现能够量化为班级排名指标，再适当配合教师课堂表扬和鼓励，有效激发学生的学习热情。但是要注意杜绝简单的发帖计分模式，而是将参与的时间运用到排名算法之中，有效地避免灌水等作弊行为，保证认真学习的学生积极性不受打击。

三是思政课的实践教学。在思政课的实践教学中，也可以尝试与网络相结合。比如重庆城市管理职业学院为加强思政课实践教学，于2011年底开发建设了思政课实践教学网络平台。该平台设立了三个教育环节——教师教育、自我教育、社会教育，六大核心功能区——社会认知区、师生互动区、自主学习区、成果展示区、精品专区和成绩查询区。其中，思政课的实践教学主要体现在社会教育环节上，该环节设计了四个教育模块——社会调研、基地参观、志愿者活动、素质提升。在实践教学过程中，教师指导学生进行各种社会调查研究项目，开展各类素质提升实践活动。学生在网络平台上的社会认知区和成果展示区提交自己的实践学习成果，经教师审核通过后自动生成相应积分，计入期末考核成绩之中。另外该校制定了一系列相关的规范性制度，从制度上保障了网络实践教学的常态化。重庆城市管理职业学院的做法，为解决思政课实践教学流于形式、难以实施的问题提供了参考方向。

（二）利用网络拓展思政课的新载体，加强师生互动

如何选择并利用新的网络载体，建立内容丰富、交互性强的网络思想政治教育平台，拓宽大学生参与思政课教学的渠道，成为一项重要的课题。互联网对思政课教学的负面影响，主要是由网上不良信息所致。高校必须采取措施，净化校园网络信息环境，提高网络信息服务能力。

一要结合学生特点，打造网络工作平台。针对当前大学生网络依赖性强、接受利用新媒体快的特点，思政课教师应加大对新媒体的应用和掌控，打造多维度、多层次、广覆盖的网络工作平台。一是思政课教师建立 QQ 空间、博客、微博、微信，与学生即时交流沟通、有效互动。二是思政课教学部门积极推动思政课二级网站建设，使其成为融思想性、理论性、趣味性、服务性、参与性于一体的专题教育网站，传递正面的思想政治理论信息，及时发布最新的思想政治理论动态、相关的活动报道、学生对思政课的感悟等内容；开设官方微博、微信公众号等，开展咨询服务、信息发布、主题教育等活动。

二要结合特色活动，打造网络育人平台。思政课教学部门应注重网络育人特色品牌的培育和创建，努力形成线上线下思政课教学的合力。一是在思政部网站开辟"时事播报与评论"板块，整理编发大学生对当前社会热点问题的讨论，及时有效开展正面教育和引导。二是在互联网新媒体上开设"学习身边榜样"专栏，面向全校学生征集励志故事，并以微视频、微图文等形式展示，搭建大学生自我教育的新阵地和激励平台。三是开展"我最喜爱的思政课教师"网络评选，展示优秀教师风

采，营造立德树人氛围。四是在社会主义核心价值观主题学习中开办网校，开展社会主义核心价值观的宣传教育，可以通过微视频、微漫画、微竞赛的方式在网上征集学生作品，进行评选，唱响网上主旋律。五是利用重大纪念日和节日举办网络主题教育活动，坚定大学生走中国特色社会主义道路的理想信念。六是组织教师和学生一起开发“慕课”、微课、翻转课堂，编辑微信公众号，把内容精编改制成便于移动互联传播的内容。

（三）加强保障体系建设，建立和完善思政课网络化教学建设的长效机制

一是强化对思政课网络化教学建设重要性的认识。中共中央宣传部、教育部《关于进一步加强高等学校思想政治理论课教师队伍建设的意见》中指出，高校应重视发挥多媒体和网络等信息技术的重要作用，倡导在教学中使用新技术新手段，逐步实现教学手段现代化，开发网络教育资源，形成网上网下教学互动、校内校外资源共享。学校应从大学生思想政治教育的全局出发，进一步明确新形势下加强思政课网络教学建设的重要性和必要性，制定相关政策措施，全面推进思政课网络教学建设规范化、科学化、制度化。

二是建立健全思政课网络教学建设的条件保障机制。学校应设立专项经费，用于改善硬件和软件设施。如对思政课网络优质教学资源体系的建设给予资金投入、技术支持。还要承认教师在网络上开展思想教育是自身的重要工作内容，将他们在网络上的工作计入工作量，才能让他们更加积极地利用网络，钻研新型授课方式。学校应通过划拨专项资金，出台人才培养计划，鼓励教师开展网络思想教育教学工作。对此，2015年1月，中共中央办公厅、国务院办公厅印发的《关于进一步加强和改进新形势下高校宣传思想工作的意见》中也明确指出，要探索建立优秀网络文章在科研成果统计、职务职称评聘方面的认定机制，着力培育一批导向正确、影响力广的网络名师，立足校园网站建设开办一批贴近师生学习生活的网络名站名栏，建设一支由学生和青年教师骨干组成的网络宣传员队伍，打造示范性思想理论教育资源网站、学生主题教育网站和网络互动社区，推进辅导员博客、思想政治理论课教师博客、校务微博、校园微信公众账号等网络新媒体建设。

五、“慕课”背景下的高校思政课走向

“慕课”是 MOOC 的音译，即“大规模在线开放课程”。2011 年秋，“慕课”在美国迅速崛起，十几所世界著名大学参与其中，并使其逐渐席卷全球，“慕课”因此成为教育的一次重大革新，开始冲击当前高校的教育模式并产生深远的影响。2013 年清华大学、北京大学等国内知名高校先后加入“慕课”的全球在线课程联盟，一年后在 Coursera 上注册的中国用户就达到了近 70 万人。2013 年被称为中国的“慕课”元年。2015 年 4 月，《教育部关于加强高等学校在线开放课程建设应用与管理的意见》（教高〔2015〕3 号）提出，要“建设一批以大规模在线开放课程为代表、课程应用与教学服务相融通的优质在线开放课程”“认定一批国家精品在线开放课程”“促进在线开放课程广泛应用”，即从上至下地开始规范并推广在线开放性课程这种教学模式。

第一，“慕课”多元化的网络教学资源增强了思想政治理论课教学内容的实效性。在传统教学模式中，思想政治理论课教师以课本理论知识为基础，简单地向学生提供时事政治、社会动态等信息并对其加以论述，这种将自己所关注的问题和附带的看法呈现在学生面前的教学方

式，其信息量非常有限，即时性较差，不一定能激发学生的学习兴趣，而且在有限的教学时间内，教师需要兼顾教学内容与教学进度，往往无法与学生交流交换学习资源和意见，学生总是处于被动接受知识的状态。“慕课”依托网络平台进行教学，其网络教学平台恰好能够弥补这一缺陷。网络资源的共享性给教师和学生带来了丰富且即时的信息，也脱离了纸张、时间、空间等的限制，使得学生能够随时随地通过网络平台与教师完成教学过程，在学习中遇到的任何问题都可以采取讨论帖、微博、微信等方式直接与教师沟通。个人提问不会打扰到其他学生的学习，有同样问题的学生可以通过查阅讨论主题来自行观看，教师可以帮助学生分辨网络信息真伪，将有效信息整合并形成教学资源。同时，网络资源的介入也给思想政治理论课教师提供更多的学习机会，在教学中接触新思想、面对新问题、提出新方法，在与学生的互动讨论过程中真正做到教学相长。另外，网络信息的时效性强，更新速度快，大学生能够借此了解到世界各地的信息，及时把握世情、国情和校情，顺应时代潮流。“慕课”的网络教学平台能够克服传统思想政治理论课教学资源匮乏、滞后的缺陷，使教师和学生都可以很快地在网络中寻找到自己所需要的各类资源，这有助于教师掌握学生思维倾向，有意识地与学生进行沟通交流，引导学生形成正确的“三观”。“慕课”增强了思想政治理论课教学的趣味性，提高了学生的学习兴趣，也增强了师生间的互动。

第二，“慕课”人性化的教学时间与空间增强了思想政治理论课教学过程的实效性。一方面，传统教学方式的“教”与“学”局限于课堂，受制于固定的课程时间和教学班级人数，而大规模开放式网络课程，意味着在“慕课”教学模式下，可以不需要班级建制，只要按要求注册后就有资格使用，优秀教师的能量和影响可以成倍地快速扩散。一门课程可以实现成千上万人同时在线注册学习，不受时间和地点的限制，课堂不仅是传授知识的地方，更是师生讨论和相互学习的重要场所。另一方面，"慕课"所带来的直接好处还在于节省了高校思想政治理论课教师在教学任务上花费的大量时间。尤其在一些思想政治理论课教师人手不足的高校，每位教师需要承担的教学班级和任务比较重，每周重复地讲解相同的理论、案例，以至于缺少提升自身科研水平和职称层次的时间，这增强了思想政治理论课教师的职业倦怠。使用"慕课"平台后，同一个教学视频可以应用于所有教学班级，此外，在"慕课"平台中对测验、考试、讨论等都可以进行设置评分，在"慕课"教学视频中亦可穿插单元问题，学生作答正确后方可继续观看视频。对学生而言，这样的教学方式可以督促其集中注意力学习，对教师而言，他们可以通过统计看到每位学生的学习时间分布等，了解学生对知识的掌握情况，关注学生所感兴趣的问题，并针对这些知识和问题对教学环节进行设计、调整，从而有效地改善教学效果和增强师生之间的互动。

第三，"慕课"多样化的教学手段增强了思想政治理论课教学结果的实效性。"慕课"可以重新构建课堂中"教"与"学"的地位，由过去的"以教师为中心"的灌输方式，转变为"以学生为中心"的主动学习方式，"一边教一边学"转变为"先学再教"的模式，弱化了以教师为中心的教学地位，强化了学生主动学习的积极性和教师引导解惑的功能。但"慕课"并不意味着思想政治理论课应取消传统的课堂教学而完全依赖网络，网络教学不能取代教师的地位。近年来，高校开始尝试使用依托网络平台的混合式课堂、强调学生主体地位的互动式课堂以及"慕课"视域下的翻转课堂等教学方式，都是希望将新兴手段与传统方式的优势进行有机结合。在二者的共同作用下，教师能够先通过"慕课”平台布置学习任务，安排学生自主学习章节内容，要求学生分组观看视频资源、查阅历史事件或研究新闻报道，将课本理论知识影像化、形象化；再回到课堂上，使用一个课时的时间，由各学习小组成员针对各自的任务点进行主题演讲、PPT汇报、情景剧表演等，教师及其余学生可就该知识点内容对小组进行提问，检验其学习成果。这种讨论式课堂需要以学生为中心，组员间分工协作，共享资源，倡导学生有创新精神，自主地完成任务，增强学生团队合作、案例分析和解决问题的能力，也让学生真正做到理论联系实际，从而达到学以致用的目的。余下一个课时由教师进行理论知识点的串讲，巩固学生在网络环节中自学的知识，帮助他们分析重点和难点，打牢理论基础。因此，“慕课”平台与传统课堂讲授相结合的方式，为高校思想政治理论课教学注入了新元素，提高了课堂教学的效果，充分体现了学生在学习中的主体地位。依托“慕课”平台，教师还可以尝试录制微课进行教学，针对个别问题设计5~10分钟的教学视频片段，便于学生查找知识点并进行反复学习，从而突出重点难点，提高学生学习效率。“慕课”的快速发展为高校提高思想政治理论课教学实效性提供了难得的契机和切实可行的路径，极大地促进了传统教学模式和新兴网络信息技术的有效融合，强化了学生在课堂教学中的主体地位，是现阶段教学改革的主要研究方向和重点关注对象。随着网络信息技术的推广和发展，它必将逐渐走向成熟，弥补高校思想政治理论课传统课堂教学的不足，切实提高思想政治理论课教学的实效性。[①]

① 周丽莉、蔡亮：《“慕课”视域下的高校思想政治理论课教学实效性探析》，《学校党建与思想教育》2017年第1期。

创新案例

北京外国语大学：大力推动“金慕课”建设

北京外国语大学大力推动“金慕课”建设，发起成立中国高校外语“慕课”联盟（CMFS），以中国高校外语“慕课”平台（UMOOCs）为阵地，通过建设精品多语种课程、加强教师培训及创新技术应用等方式，努力提升外语教学质量。

建设精品课程，培养国际人才。汇集中国高校外语“慕课”联盟136所成员院校优质外语资源及课程经验，依托“UMOOCs平台”打造外语“慕课”课程体系，建设一流外语“慕课”，目前已上线涵盖英语、法语、德语、意大利语等10个语种60余门优质外语课程。设立语言学、商务外语、国别区域、职业教育等12个课程方向，开设“一带一路”语言文化、外语话中国、汉语国际教育、国际人才、国际名校精品课程5个特色专题，并不断更新和完善课程体系，努力培养具有中国情怀、国际视野的复合型、复语型国际化人才。

服务文化交流，传递中国声音。通过“外语话中国”“汉语国际教育”等重点特色专题，助力汉语和中国文化在海外的传播推广。上线《中国文化概况》《英语畅谈中国》《英语话农史——华夏篇》等课程，以外语为媒介，帮助学习者由表及里理解中国文化，助力中华文化走出去。大力建设多语种中国区域文化课程群，聚焦中国不同地域的文化特色，全面呈现中国地大物博、钟灵毓秀的魅力，让学习者提升文化自信，培养国家情怀，向世界讲好中国故事、传播中国声音、弘扬中国文化。

共享优质资源，服务西部发展。与“学习强国”合作建设“高校外语联盟”平台,上线“‘一带一路’语言文化”“专门用途”“语言文学”“教师发展”等四大方向课程。基于“UMOOCs平台”,将《海外名校巡礼——理念、特色与求学路径》《印象英美——穿越时空之旅》等课程免费提供给西部高校使用，帮助中西部院校建课用课，同时安排主讲教师定期进行面授，为西部高校教师提供“慕课”教学培训，覆盖近6000人次。开设“高校外语‘慕课’建设及混合式教学理念与实践”线下研修班，帮助中西部院校教师提升“慕课”建设能力，服务教育信息化背景下外语教师专业发展。

（来源：北京外国语大学，2019年8月7日）

第八章

全面提升大学生思想政治素质

素质是能力的基础，素质的高低不仅直接决定人们从事某种活动的有效性，而且还关乎人生的全面发展。人的素质无论对于提升个体能力，还是促进经济社会发展，都起到至关重要的保障作用。大学生是建设中国特色社会主义的人才后备军与中流砥柱。他们的思想政治素质如何，将直接影响未来中国的发展方向，影响中华民族的前途和命运。

一、大学生思想政治素质的内涵

思想政治素质侧重于人们的政治思想、观点，主要指一个人如何认识国家和社会的前途与命运，以及如何去解决这些问题的观点、看法。作为个体在社会活动中所必须具备的内在基本条件和品质，思想政治素质是一个人政治意识、政治思想、政治立场、政治态度的综合表现，它将在长期内影响一个人的政治活动与政治追求，与个人命运共始终。在我国，大学生思想政治素质集中表现为大学生对社会主义制度，对中国特色社会主义事业的认识、态度、觉悟和参与情况。概而言之，即作为社会主义建设者和接班人的大学生，要树立正确的政治思想、政治观点和人生目标，为建设中国特色社会主义事业贡献力量。

大学生思想政治素质的内涵主要包括以下几点。

第一，处于新的历史方位的大学生，是肩负民族复兴大任的时代新人，而坚定的理想信念是时代新人的首要特征。青年大学生坚定理想信念，要经过树立、扎根、奋斗和实践的过程。特别是在新时代背景下，广大青年学子要自觉在学习和实践中用习近平新时代中国特色社会主义思想武装头脑、指引理想、坚定信仰。理想信念作为精神之“钙”，是大学生奋斗在新时代的强大精神动力和崇高精神指引。大学生心中秉持信仰、理想、信念，脚下才能有无穷力量，才能实现青春梦想。

第二，深厚的爱国情感。热爱祖国，崇尚民族气节，是中华民族的优良传统。爱国主义作为人们忠诚、热爱、报效祖国的一种集情感、思想和意志于一体的社会意识形态，是动员和鼓舞中国人民团结奋斗的一面旗帜，是推动我国社会前进的巨大力量，是凝聚各族人民的精神核心，是维护祖国统一和民族团结的强大纽带，是实现中华民族伟大复兴的强大动力。千百年来，无数中华儿女为了中华民族的振兴，前赴后继，谱写了一曲又一曲爱国主义的英雄赞歌。对于新时期的大学生来说，对祖国的深厚感情应集中表现为：热爱祖国山河、文化、历史，关心国家的发展与命运，树立民族自尊心、自信心和自豪感，为维护祖国统一而贡献自己的力量。为此，大学生必须在建设中国特色社会主义的伟大实践中，在时代和社会的发展进步中汲取营养，培养自己深厚的爱国情怀，并不断把这种爱国之情、爱国之心转化为报国之志、报国之行，做到言行一致，成为一名真正的爱国主义者。

第三，强烈的社会责任感。强烈的社会责任感是人类所崇尚的一种优秀品质。所谓社会责任感，是指一个人在自己所从事的工作或事业中，对其所承担的社会责任的自觉意识、情感体验和意志态度。科威特著名作家穆尼尔·纳素说："责任心就是关心别人，关心整个社会。有了责任心，生活就有了真正的含义和灵魂。这就是考验，是对文明的至诚。它表现在对整体、对个人的关怀。这就是爱，就是主动。"可见，高度的社会责任感是个体赢得社会和世人承认、尊重和敬仰的价值尺度，体现出个体人生的高尚和完美。大学生在具体的社会实践活动中应该承担起相应的社会责任和义务，以自己的实际行动来保持社会的稳定发展，矫正和规范社会上的一些行为失范现象。

第四，无私的集体主义观念。集体是生活、工作、活动在一起的群体，每个人都生活在一定集体之中。集体主义"作为道德建设的一个基本原则和最根本的出发点与归宿，就是要坚持个人利益与集体利益相结合，并且在二者的共同发展中协调社会主义社会的人际关系，克服、融解个人与他人、个人与社会、个人与国家的各种矛盾，从而成为社会向前发展的一种强大的动力”。在利益主体多元化、价值观念趋向现实化实用化的社会背景下，大学生应该明荣知耻，坚持“以团结互助为荣，以损人利己为耻”，反对极端个人主义，注重团队精神的培养，树立无私的集体主义观念。

二、影响大学生思想政治素质发展的因素

大学生是专业理论深厚、知识技能系统的青年群体，是中国特色社会主义建设的人才后备军与中流砥柱。他们的思想政治素质如何，将直接影响未来中国的发展方向，影响中华民族的前途和命运。

（一）影响大学生思想政治素质发展的内在因素

一是大学生个体的身体、心理、生理特点和健康状况等都会影响大学生思想政治素质的发展。当社会道德规范对大学生个体提出要求时，要受个体身心发展状况的制约，例如，他能否理解社会道德规范、能否学习和掌握好道德原则，他的智力水平、自控能力等是否允许他接受更多的思想政治教育信息等。不同的大学生对道德原则、规范的理解、接受和践行能力都不同，在不同的身心健康水平和不同的觉醒状态下，对思想政治教育信息的感受性、注意力、思维力也会不同。大学生身心素质发展不和谐会严重影响大学生思想政治素质的发展，要着重关注大学生身心发展状况，增强大学生身心素质。

二是大学生个体原有的道德境界、价值取向、道德行为习惯等直接影响大学生个体对思想政治教育的接受程度，进而影响大学生思想政治素质的发展。大学生常常会根据已有的经验和体会来理解新的观念和意识，当接受的思想政治教育信息与原有品德认识水平一致时，那么，他对思想政治教育信息的理解就可能比较正确、深刻和全面，对思想政治

教育的接受程度和认同度也会比较高，有利于思想政治素质的形成发展。反之可能出现认识上的肤浅性和片面性，引起激烈的思想斗争，其结果或被吸收，或存在疑惑，或拒绝接受，影响思想政治素质的发展。

（二）影响大学生思想政治素质发展的外在因素

一是宏观和微观环境因素。宏观环境因素是对大学生思想行为产生根本的、决定性影响的社会、政治、经济、文化因素，如国际国内政治制度、经济制度，社会文化活动对大学生的思想政治素质发展产生重要影响。政治制度直接影响和规范着大学生的政治立场、政治观点、政治态度等；经济制度对大学生的思想政治素质发展起着根本性的制约作用；社会文化包括传统文化和外来文化，对大学生思想政治素质形成发展起着潜移默化的作用。微观环境因素是对大学生思想政治素质产生直接影响作用的局部因素，如一定的社会、家庭、学校、街道、社区等，这是每个人实际生活的环境，其思想政治素质必然受到这种局部因素的影响。如家庭是受教育者出生和生长的地方，人最初的社会化离不开家庭，继续社会化也离不开家庭，父母的政治价值观、政治态度、教育方法、家庭成员之间的人际关系等对子女的政治价值观、政治态度和思想道德等影响较大。高校是培养大学生的主要场所，学校的教育活动更具有计划性和目的性，因而对大学生的思想政治素质形成更具有指导性和操作性。

二是物质环境和精神环境因素。物质环境因素指围绕思想政治教育展开所需的各类物质因素的总和，如人文景观、爱国主义教育基地、场馆等。要注重物质环境因素对大学生思想政治素质发展的积极影响，积极利用纪念场馆、历史遗迹、人文景观等方面进行思想政治教育，这是提高大学生思想政治素质的重要方式和生动教材。精神环境因素则是指对大学生思想政治素质产生影响的各种精神因素的总和，如社会文化、社会风尚、社会舆论、人际关系、制度规范、价值观念、文化交流等对大学生思想政治素质形成发展具有重大的影响。特别是网络新媒体的广泛运用和深入发展，其“双刃剑”效应给大学生思想政治素质发展产生深远影响，尤其是要积极应对民主社会主义、自由主义、普世价值等西方思潮的意识形态殖民输入给大学生思想政治素质发展带来一系列挑战。当前社会主义核心价值体系学习等一系列宣传教育活动，对大学生形成思想政治素质发展产生重大正向性价值，有利于大学生思想政治素质发展。

三是介体因素。大学生思想政治教育介体是对大学生进行思想政治教育的内容、方式、方法和手段等的总和，是联结教育者和大学生之间的桥梁和纽带，这些介体内容和方法手段的科学性、灵活性、时代性等直接影响大学生思想政治素质发展，如对大学生进行思想政治教育的专题讲座、理论报告、电视政论片等。此外还有隐性教育内容与方式，如隐性课程、各种文艺和体育活动中渗透思想政治教育信息的内容和方式等。特别需要指出的是，现代社会转型时期，大众传播媒介对大学生思想政治素质影响的直接性和迅速性是其他因素难以相比的，特别是互联网日益成为大学生获取信息和交流的重要手段，要正视和利用好互联网对大学生思想政治素质发展的影响。

三、“教”“学”“做”合力提升大学生思想政治素质

影响大学生思想政治素质提升的学校因素主要是教、学、做三个要素，“教”“学”“做”合力综合了主体因素和主导因素，并将理论学习与实践锻炼相结合，使大学生思想政治教育落到实处，从而使大学生思

想政治素质得到了有效提升。

（一）“教”：大学生思想政治素质提升的主导性因素

“教什么”“如何教”是教师的主要任务。因此，“教”是大学生思想政治素质提升的主导性因素。教师除了要根据教学计划和教学大纲进行教学以外，还要根据“如何学”“学什么”“怎么做”来决定教的内容和方式。

首先，要立足于教，紧紧抓住两个方面的特点实现教学体系向知识体系的转化。一是课程特点和教材特点。思想政治理论课是对大学生进行思想政治教育的主渠道。因此，教的内容很明确。但仍需做到把高度抽象的知识体系变成学生能够接受、愿意接受，进而喜欢接受的课程内容，从而成为他们素质中的重要组成部分——思想政治意识、理念，正确的世界观、人生观、价值观等。这必须经过两个转变，就是教师要根据课程特点把教材体系转变为教学体系，再将教学体系通过教来实现向学生知识体系和信仰体系的转变。二是学生特点。最主要的是学生的实际需要，对知识的渴求程度，以及需要什么样的知识等。虽然不能迎合学生的需要，但兴趣是最好的导师。如果教师所教的内容学生听不进耳，那么教就不会有什么效果。

其次，教的方法取决于学的方法和做的方法。许多教师感叹思想政治理论课不好教，实则可能是教的方法不当，或者说教的方法与学生学习的方法、做事的方法相脱节。今天，网络和手机已经成为大学生须臾不可分离的东西，通过网络获取知识、信息已经变得非常方便快捷。思想政治理论课的教的方法必须做出改变才能适应学生的需要，达到培养学生的目的。教师在课堂教学中要关注学生的学习状态、学习方法，有针对性地进行教学。教师主导性因素的发挥主要是通过教学方法的选择、调整等来体现出来的。通常讲的“教学有法，教无定法”，说的就是教学方法的灵活性，以及这种随着学生的需要而变化的特性。

（二）“学”：提升大学生思想政治素质的主体性因素

学生是学习的主体，“如何学”“学什么”，不仅由学生自己说了算，更主要的是取决于“教什么”“如何教”和“怎么做”。因此，教师要促进学，调动学生学习的积极性、主体性，需要牢牢把握课堂教学四个环节，让学生主动参与课堂教学实践。只有学生学会了学习，思想政治素质才能得到有效提升。促进“学”的方法有多种，思想政治理论课堂教学应该抓好四个环节：阅读与讲授、思考与提问、讨论与交流、释疑与解惑。把握好了这四步，学生的主体性因素才能发挥出来，有效参与课堂教学。具体操作过程如下：

第一步，让学生课前阅读或课堂上阅读十分钟左右的课程内容，然后教师简要讲授理论。第二步，让学生边思考边提出问题。第三步，学生就自己提出的问题，前后左右四个学生组成一组展开讨论，由组内其他学生给予回答。学生回答不了的问题，由教师来解答；教师当堂解答不了的问题，下一次上课时给予解答。同时，学生与教师之间建立起广泛的联系（微博、微信等），只要有问题随时可以联系教师。第四步，教师通过多种方式为学生释疑与解惑。可以在课堂上，可以通过手机短信等。通过这四步，学生变被动为主动，不懂的问题可以找到答案；教师与学生有了充分的交流，学生与教师也有了直接的沟通，甚至班级与班级之间还能够展开竞赛，在竞争中增进知识的理解、思想的陶冶、素质的提升。通过学生主动参与课堂教学，学生的主体性发挥出来了，不再觉得思想政治理论课枯燥，而是主动积极地思考问题，并在解答问题中获得成功的喜悦，不仅解开了心中的困惑，而且真正理解了马克思主义的理论，并学会用马克思主义的立场、观点和方法分析问题和解决问题，教学的任务完成了，育人的使命也实现了。

（三）“做”：提升思想政治素质的关键性因素

在实践中提升大学生思想政治素质，需要通过大学生生活实践的四条路径促使其完成心路历程的转变。大学生生活实践丰富多彩，形式多样，大体上可归纳为课内实践（课堂实践）、课外实践两种形式。课外实践可分校内实践、校外实践两个方面；校内实践可分为校内课外生活实践、校内课外社团实践等。大学生校外实践也是多样的，如专业实习、社会实践等。

课内实践就是学生在课堂上进行讨论、案例分析，学生模拟教学、情景设置与体验等实践活动。这是掌握理论知识的最主要最基础的实践形式。大多数学生的思想政治理论知识都是在课堂上掌握的，而知识的巩固和强化却离不开课堂实践。因此，课堂实践是提升思想政治素质的关键因素之一。它在有限的时间内，奠定了学生无限发展的空间。这个过程把理论知识、素质养成以及行为体验结合在一起，就是经由知识的掌握而达到自身素质和智慧的养成的过程。

校内课外生活实践常常因其“生活”性而被人们所忽视，即人们一般不把学生的生活归于实践教学的范围。而这恰恰是思想政治教育的最有效环节。学生的衣食住行、待人接物、为人处世均体现着他们的世界观、人生观和价值观。这类实践是课堂理论教学的延伸，可与课堂教学相结合来引导学生，或从学生生活中搜集典型事例，让学生结合理论进行分析判断。比如“怎样交朋友”“怎样与同学相处”“怎样对待恋网与网恋”等。可以通过主题班会、情景模拟等实践活动对大学生进行引导，使他们成长为让社会信赖、家长放心、同学喜爱的佼佼者。总之，生活实践教育之法，侧重于通过做来学习，强调知识的学习最终也是使学习者具备适应现实生活实际能力的理念。

校内课外社团实践是大学生活的重要方面，包括各种校园文化活动。教师应根据学生自身的特点和成才的需要，让学生有选择地参加学校组织的各项活动（如文艺活动、体育活动、知识竞赛、演讲比赛、辩论赛、技能比武、校内科技服务、文明修身、创业设计等）和各种社团活动。这类实践活动的参与能够有效提升学生的某项特长、技能和素质，进而在社团成员之间学会交流、相处，获得某种心理满足和思想政治素质的提高。

校外实践包括课程实习（包括参观、访问、调查研究、设计、创作、制作、见习等）、专业实习、假期社会服务（包括工作）等。大学生要尽可能多地去参加各种社会实践，丰富自己的人生阅历，增长技能，提升素质。大学生参加社会实践，了解社会、认识国情，增长才干、奉献社会，锻炼毅力、培养品格，对于加深对理论知识的理解，深化对党的路线方针政策的认识，坚定在中国共产党领导下，走中国特色社会主义道路，实现中华民族伟大复兴中国梦的共同理想和信念，增强历史使命感和社会责任感，具有不可替代的重要作用，对于培养中国特色社会主义事业的合格建设者和可靠接班人具有极其重要的意义。

（四）“教”“学”“做”合力：实现学生思想政治素质的全面提升

“教”“学”“做”是大学生思想政治素质提升系统中的三个要素。三者的关系应该是你中有我，我中有你，相互渗透，相互促进，或者说三者关系是在实践基础上的教与学的统一。教的过程是做的过程，学的过程也是做的过程，教与学是相对独立、辩证统一的两个方面，统一的基础是“做”。“做是学的中心，也就是教的中心。”教与学围绕着做而展开，教也是做，学也是做，此即教学做合一。这样，才能收到良好的教学效果，进而使学生的思想政治素质得到提升。任何一门课程的学习既是对学生知识的培养，也是素质能力的提升，还是思想、品格的塑造过程。因此，都承载着思想政治素质提升的使命。至于思想政治理论教学更是对大学生思想政治素质的提升有着义不容辞的责任。因此，在教学过程中要突出实践本位，强调教学活动应该是师生间的互动性的富于理性的实践活动。教师要活教、学生要活学，教师的教是有智慧地教，学生的学是有智慧地学，围绕着促进学生能力和智慧发展而设计“做”。

四、构建诚信档案体系提升大学生思想政治素质

诚信既是思想观念的认识过程，又是行为习惯养成和积累的过程；诚信素质的提高既要求个人的内在修养和觉悟，更要求外在的约束和规范，以及诚实守信的社会环境的影响和熏陶。因此，加强大学生诚信档案体系构建需要做好以下工作。

第一，更新观念，把大学生诚信档案建设融入高校道德风尚建设规划中。学生诚信档案构建要回归到教育的最初目标即“育人”。不能只是为了建立诚信档案而建设档案，大学生诚信档案的建设应融入高校整体发展规划中，应该与高校整体道德风尚建设结合起来，为此，高校应成立大学生诚信教育管理工作领导小组，把诚信档案体系建设当作一个品牌工程来抓。一方面，发挥校园网在诚信建设中的作用，加大诚信档案工作的宣传力度，组织师生了解诚信教育的重要性和诚信教育的实质内容，明确诚信档案在学生竞聘干部、综合测评、保研升学、就业推荐、评奖评优、入党、申请助学贷款等方面的参考作用；另一方面，使大学生对建立诚信档案的目的、方法、程序和方式有一定的了解，提高

参与诚信档案建设的积极性。教师、辅导员、班主任要作教书育人的表率和楷模，随时注重诚信教育，以良好的道德形象取信于学生。

第二，健全机制，实现大学生诚信档案体系规范化管理。要把诚信档案建设落到实处，当务之急是要建立起与之对应的考核机制、奖惩机制、评估机制、监督机制以及不断创新的诚信教育模式。考核机制即建立规范的诚信档案征集流程、客观公正可操作的量化考核标准。评估机制主要是对大学生的诚信表现进行定量记载和定性评价。奖惩机制主要有惩罚制度、奖励制度、先进评优办法等。明确规定何种情况下奖励与惩罚，通过正负激励措施，使符合诚信要求的行为得到鼓励，使违反诚信的行为得到抑制。如将学生的信誉表现与其平时学习生活中的各个环节挂钩，通过网络将其与学生的电子卡、图书卡、上网卡等功能卡关联，出现不良信用记录者，限制其相关的信用活动，促使失信者逐渐学会守信，鼓励诚信优秀者进一步守信。监督机制主要是对建立诚信档案的机构和人员的权力监督，注重档案建设的公开、高效和透明度。创新诚信教育模式，即建立和完善集教育、记录、评价、反馈与再教育为一体的管理教育机制，根据评估情况，适时开展诚信教育活动，使得诚信教育具有规范性、延续性和有效性。总之，建立健全各项机制，才能从根本上保证高校学生诚信档案材料收集齐全完整、管理规范有序、配套资金落实到位、管理人员相对稳定和制约手段刚性有效。

第三，加强诚信档案管理的信息化进程。近年来，档案事业发展正处于数字化和网络化的时代，网络技术成果的大幅应用，加快了大学生诚信档案信息化建设的步伐。大学生诚信档案采用信息化、数字化管理服务，能有效改变传统档案管理、服务方式，实现大学生诚信档案资源的广泛共享，使用户及大学生能以最新、最快、最直接、较低成本的方式获取与利用相关档案信息。加强诚信档案信息化进程，包括：建立并完善高校诚信档案数据库管理系统，建设高校诚信档案信息网站。在网络内搭建信息化平台，实现信息化服务管理，建立的数字信息平台应及时升级、扩容、更新、发布信息、提供最新查寻，实现互联互动、资源共享。实践证明，构建大学生诚信档案体系，能够将大学生的品德修养从抽象说教层面转换到具体实践层面，使诚信教育与大学生日常管理工作相衔接，有助于增强大学生诚信教育实效性和针对性，为高校思想政治教育工作提供一个新的评价标准，拓展高校思想政治教育新途径。[①]

五、创建高校党建新平台提升大学生思想政治素质

当前，我国高等教育事业迎来了大发展、大繁荣的历史新时期。面对新形势、新情况、新任务，培养和造就合格的社会主义事业的建设者和接班人的任务更加繁重、更加艰巨。这就要求我们必须以改革的精神来不断地创新高等学校党的建设新的伟大工程。

第一，创新高校党建的内容。首先，要把思想理论建设放在首位，创新高校党建的思想理论内容，提高马克思主义理论水平。推进马克思主义的中国化、时代化和大众化，用中国特色社会主义理论体系武装党员、教育师生，开展社会主义核心价值观的学习教育活动，深入贯彻落实习近平新时代中国特色社会主义思想，提高运用科学理论改造主观世界和客观世界的能力，引导广大党员和师生增强“四个意识”、坚定“四个自信”、做到“两个维护”，建设学习型高校党组织。其次，要创新高校党建的政治内容，切实推进党内民主的发展。以落实党员知情权、参

① 王莉荣：《构建诚信档案体系，提升大学生思想政治素质》，《广西政法管理干部学院学报》2014年第3期。

与权、选举权为重点，进一步提高党员对党内事务的参与度，充分发挥党员在党内生活中的主体作用；加强民主集中制教育，提高师生员工的民主素质；推进党务公开，健全党内情况通报制度和听证制度。再次，要创新高校党建的作风内容。大兴密切联系群众之风，大兴求真务实之风，大兴艰苦奋斗之风，深入开展讲党性、重品行、作表率活动，广泛宣传和认真学习先进典型，使广大党员和师生永葆朝气、昂扬锐气、浩然正气。此外，要创新高校党建的组织内容，夯实高校党委核心地位的组织基础。必须坚持围绕中心、服务大局、拓宽领域、强化功能，进一步巩固和加强党的基层组织，着力扩大覆盖面，增强生机活力，使党的基层组织充分发挥推进发展、服务群众、凝聚人心、促进和谐的作用，使广大党员牢记党员宗旨、心系群众。最后，要创新高校党建的反腐倡廉工作。贯彻为民、务实、清廉的要求，深入开展党性党风党纪教育，把廉政教育列入教育培训计划，有针对性地开展示范教育、警示教育、岗位廉政教育，加强廉政文化建设，保持惩治腐败的高压态势。

第二，创新高校党建的形式。随着高校改革的推进和教育事业的发展，大学生在学习、生活、居住、组织形式等方面都出现了重大变化，原有的高校党建工作的一些形式已不合时宜，面临挑战。因此，必须与时俱进，不断创新。首先，高校党建的形式要注重“三贴近”。也就是说党建的新形式要贴近学生的学习、生活和思想实际，由单一的模式发展为多种形式，以丰富、多样、快捷的方式来填补高校党建的空白，创造具有时代特色的党建工作的新形式。其次，高校党建还要继续坚持和完善“三会一课”制度，将党员大会、支部大会和党小组会开新、开好，将党课讲活、讲实、讲透，办出特色，办出水平，以其内容的现实性、针对性和形式的新颖性来“焕发青春”。再次，还要继续发挥政治思想理论课对大学生进行理想信念教育的主渠道作用，努力增强政治思想理论课的时代性、针对性和吸引力，使高尚的精神进入大学生的头脑，化解大学生的疑惑，把大学生培养成为坚定的社会主义者。最后，高校党建的形式还要从当代大学生“有知识、有思想、有活力、有闯劲”的特点出发，破除传统、单一的教育、宣传、灌输的形式和模式，大力探索和开展生动活泼、丰富多彩、喜闻乐见的党建新形式。具体来讲，就是要积极引导大学生参加各种各样的社会实践活动和实训课，使他们在实践中认识国情、了解社会，在实践中砥砺意志、磨炼品质，在实践中受教育、长见识、积累经验和阅历，逐渐成长；要重视红色教育的形式，充分开发红色资源，大力提升大学生的思想政治觉悟和素养。通过红色旅游、欣赏红色经典、演唱红色歌曲、参观革命遗址、演讲比赛、参观博物馆等活动，让大学生在欣赏中受到教育和启迪。此外，还要高度重视网络教育的新形式，充分利用网络资源的优势。我们要开办网上“红色论坛”“红色网点”“红色网页”“红色博客”“网上党校”等，将红色资源充盈高校网络，用积极健康向上的信息、文化去占领校园网络阵地，更好地为高校思想政治教育和党建服务。

第三，创新高校党建的手段。手段就是工具，它具有工具理性的色彩。手段得当，效果更佳。就目前高校党建的手段来看，还存在着陈旧、单一、呆板、缺乏有效性和灵活性等问题。因此，我们要在坚持和完善原有的一些有效的党建手段和方法的前提下，积极探索和创新党建的手段和方法。具体来讲，除了要使用传统的广播、报纸、电视等媒体的教育、宣传功能外，还要进行校园文化基础设施的建设，采用大学生喜闻乐见的读书会、报告会、演讲会、知识竞赛等手段进行生动形象的党建工作，把思想政治工作和党建工作深入到学生公寓、学生社团和班级。

特别是要充分使用现代化的网络手段和工具对大学生进行先进文化的教育，构建和谐、健康的网络文化环境，加强对校园网络的监督和管理，让健康的网络成为大学生愉快学习、健康成长的“园地”和“基地”。

第四，创新高校党建的体制。高校党建事关高校工作的全局，组织工作如能适应新形势，出色有效，就能为高校中心工作的完成提供政治、思想和组织保障。然而，当前一些高校党建工作在机制、制度、体制等方面，还存在着领导不力、工作不细、上下脱节、组织不健全、党建队伍和机构不完善等现象和问题。这些现象和问题或多或少的存在，影响到了高校党建上水平、上层次，甚至严重地影响到了党在高校的凝聚力和战斗力。为此，我们要全面落实高校党建工作责任制，建立健全高校党建工作的长效机制。具体来讲，就是健全校党委统一领导、各部门齐抓共管、一级抓一级、层层抓落实的党建工作格局，充分发挥党的建设工作领导小组职能作用。各级党组织的书记要切实履行抓党建第一责任人职责。完善党建工作考核评价体系，加强分类指导、统筹协调、监督检查，建设高素质的党务工作队伍。

六、以校园文化建设提升大学生思想政治素质

加强校园文化建设，营造适应时代发展、学生需要的文化氛围和文化环境，是新形势下高校巩固人才培养中心、提高人才培养质量的重要任务。社会主义核心价值观是社会主义文化建设的根本，也是高校校园文化建设的重要引领，其主要切入点包括以下几点。

第一，加强思想政治理论课教师与辅导员队伍建设。以校园文化建设推动大学生思想政治素质提升，核心在于队伍建设。应着重加强思想政治理论课教师、辅导员队伍建设，通过队伍建设有力支撑第一课堂主

渠道建设和第二课堂主阵地建设，确保以校园文化建设提升大学生思想政治素质收到实效。一方面，进一步提升思想政治理论课教师社会主义核心价值体系理论水平。要求思想政治理论课教师系统掌握社会主义核心价值体系的渊源、背景、逻辑、地位、目标、任务、功能、宣传、教育等内容，并通过丰富自身社会经历和社会经验，提升解答实际问题的能力。用通俗易懂的语言、生动鲜活的事例、新颖活泼的形式，引导大学生全面准确认识社会主义核心价值体系，帮助大学生在纷繁复杂的社会思潮中分清是非，抓住主流。另一方面，建立辅导员与思想政治理论课教师协同工作机制，采取协同工作措施。由学校统一安排，结合辅导员工作实际，对辅导员进行分阶段、成体系、有针对的社会主义核心价值体系教育培训，帮助辅导员准确全面掌握社会主义核心价值体系主要内容。通过制度优化、流程再造、技术支持等手段，将辅导员从评奖评优、学生资助、学生就业等学生事务工作当中解放出来，使辅导员有更多时间、更多精力投入到学生思想教育和思想引导上来。

第二，重视校园文化阵地建设，加强校园网络文化监管。重视校园文化阵地建设，积极引导学生树立正确的价值观和人生观，把握正确舆论导向。学校的宣传部门必须结合当前社会发展形势，及时更新宣传内容。充分运用校园网络系统，开通“两课”教育、党团建设、心理咨询、辅导员信箱等栏目，拓展有效的思想教育阵地和心理咨询渠道，并针对越来越多的大学生已被网络文化的魅力所吸引的情况，加大高校监管和舆论导向，形成校园舆论联动机制，引导学生思想朝健康方向发展。

第三，做好校园文化设施，强化校园文化服务体系。校园物质文化建设是校园文化建设的基础。高校文化底蕴深厚，通过建设布局良好的校园自然环境，可以潜移默化地影响、约束人的行为，使人的素养得以提升。通过外在物质的优化和建设，使校园文化的功能得到充分发挥，实现校园中人内心和处事的平和。同时，强化就业指导服务体系。针对在校生就业压力大的情况，通过组织就业讲座，指导毕业生积极转变就业观念，规划职业生涯；通过技能培训，加强毕业生社会竞争力；通过鼓励学生参与社会实践活动，增长学生见闻，提高就业技巧。结合社会需要、学校办学特色及学生特点，把就业指导工作融入学业与校园生活，帮助学生科学地制定职业发展规划。

创新案例

华东师范大学：着力完善大学生入党教育体系

华东师范大学坚持用习近平新时代中国特色社会主义思想铸魂育人，将入党教育与学生思想政治教育相结合、与入党后的持续教育相结合，坚持以“多主体”协同的组合力、“五阶段”压茬的持续力、“三贯穿”融汇的实效力，聚力“拔节孕穗”，不断提升入党教育质量。

“多主体”协同，巩固全员育人格局。认真贯彻全国高校思想政治工作会议和全国组织工作会议精神，着力打好入党教育“组合拳”。明确责任主体，将加强入党教育纳入党建工作责任制，作为基层党组织书记抓党建述职评议考核的重要内容。健全责任体系，党委组织部牵头抓总，党校、学生党工委具体指导，院系党组织及二级党校主抓落实，确保入党教育成效。丰富教育主体，在充分依靠党务干部和思政工作队伍的同时，切实发挥专家学者、先进人物、校友、老党员、优秀朋辈作用，使更多政治强、情怀深、视野广、人格正的同志参与到学生入党教育中来。拓展合作主体，支持学校基层党组织与地方基层党组织开展党建工作交流合作，通过丰富育人载体、设立育人基地，让社会实践成为学生入党教育的重要一环。

“五阶段”压茬，构建过程教育体系。坚持抓好各个关键教育阶段，构建层层深入的“全链条”过程教育体系。在入党启蒙教育阶段，将“党员亮身份，师生共迎新”等活动与新生教育相结合，坚持“重源头、重规范、重引领”。在入党积极分子培养阶段，依靠二级党校分步实施专题辅导、专题讨论、参观考察、座谈调研、课后自学、考试考核等六个环节的“规定动作”，组织入党积极分子参加主题党日活动、开展志愿服务等，教育其进一步端正入党动机。在发展对象培训阶段，由学校党校统筹，依托国家教育行政学院大学生网络党校集中进行线上学习，并分组开展线下社会实践和主题研讨，引导发展对象主动对标党员标准，不断提高个人素养。在预备党员教育阶段，依托青年马克思主义者学院，打造“青春中国”特色课程，开展经典导读、访谈优秀党员等活动，切实发挥预备党员先锋模范作用。在毕业生党员离校教育阶段，通过集中学习、重温入党誓词、文明离校等活动，将离校前的“最后一课”打造成为“牢记时代使命，书写人生华章”的职业生涯“第一课”。

“三贯穿”融汇，激发守正创新活力。将“建制度”贯穿其中，增强入党教育规范性。修订《关于加强和改进二级党校工作的实施意见》《入党培训工作管理办法》等，严格规范布置教育任务，审核培训方案，加强过程管理。将“求创新”贯穿前后，提升入党教育实效性。通过召开专题会议、举办书记沙龙、开展课题研究，集聚智慧、开拓思路。各基层党组织结合实际，创新教育方式，教育学部党委搭建“智慧党建系统”将入党教育管理进行线上备案，心理与认知科学学院党委组织学生演绎改革开放情景剧，经管书院党委组织发展对象走访各地120多个党建服务中心。将“正初心”贯穿始终，确保入党教育长效性。在入党教育的不同阶段组织学生赴红色教育基地、革命纪念馆、革命旧址等参观瞻仰，学习革命精神和革命文化；通过谈心谈话、民主评议等方式，进一步解决思想入党问题，坚定理想信念，夯实思想根基。

（来源：华东师范大学，2019 年 8 月 2 日）

第九章

加强高校教师队伍建设

百年大计、教育为本，教育大计、教师为本。党的十八大以来，以习近平同志为核心的党中央高度重视教师队伍建设问题，在不同场合多次强调教师工作的重要意义。高校教师不仅承担着传播人类高深知识的历史使命，也是决定新时代我国“双一流”建设成功与否的关键性力量。在高等教育改革不断向前推进的大环境下，加强教师队伍建设是建设教育强国、办好人民满意教育、加快教育现代化的基础，也是高校的立校之本。

一、高校教师队伍建设存在的问题

建设政治素质过硬、业务能力精湛、育人水平高超的高素质教师队伍，是大学建设的基础性工作。如何用更多的投入、更好的制度吸引更多的人才到教师队伍中来，并且能够留得住人才、用得好人才，让人才安心当好教师、用心教好学生，是教育改革的核心，也是新时代高校教师队伍建设的新任务。北京大学120周年校庆前夕，习近平总书记在北京大学师生座谈会上发表重要讲话时强调，建设政治素质过硬、业务能力精湛、育人水平高超的高素质教师队伍，是大学建设的基础性工作。习近平总书记指出，我们的教师队伍师德师风总体是好的，绝大多数老师敬重学问、关爱学生、严于律己、为人师表，受到学生尊敬和爱戴。但同时也要看到，教师队伍里还存在一些问题。

第一，教师队伍的整体数量不足。1999年高校大规模扩招后，高校教师的数量虽然在逐年增长，但与我国高等教育现有规模相比，总量明显偏少，不能适应高等教育规模发展的要求。教师数量增长率小于高等教育规模的增长率，造成的总量不足，在一定程度上增加了教师负担，影响了教学质量和教师创新精神的培养。同时，教师队伍存在的数量问题还突出表现在其他四个方面：一是专业学科教师数量结构不均衡。一些传统性、纯基础性研究学科的教师相对充足，而公共英语、高等数学等基础课教师不足，同时，新兴边缘学科、交叉学科、应用性学科的教师缺口也较大。二是学校教师数量分布不均。一些重点高校教师数量相对较充足，而大多数高校，特别是扩招任务较重的高校教师缺员较多。三是优秀教师资源储备紧缺。高水平的学科带头人、学术骨干数量不足。特别是新建本科院校和专科层次的高校，高水平的学科带头人更为紧缺。部分高校中青年骨干教师数量偏少，而且骨干教师队伍不够稳定。四是研究生导师配给偏低，导师与研究生比例严重失调。

第二，教师队伍思想素质参差不齐。随着市场经济的冲击，社会生活的多元化和经济成分多样化的出现，一方面，高校教师的文化、思想、价值观念受到了震荡，尤其中青年教师的思想行为上出现了一些急功近利、拜金主义的倾向；另一方面，住房待遇、工资收入、医疗保险等物质条件与社会各界存在较大反差，使教师的职业理想和职业自尊受到一定程度的影响。相当一部分高校青年教师教书育人、忠于职守的敬业精神不强。同时，由于缺乏有效的激励机制和监管机制，一些教师创新的积极性不高。

第三，教师队伍业务水平总体偏低。为学之基立于教师，为师之基立于人才。当前，部分教师素质能力难以适应新时代人才培养需要，教师队伍的整体专业素质能力有待进一步提高。师资队伍学历结构是学校师资队伍水平的重要标志，提高师资队伍学历层次是我国高校生存和发展的需要。我国有 2000 多所大学，绝大多数学校状况并不乐观。“两院”院士较少，学科带头人和学术骨干数量明显不足，缺乏高水平的创新人才，出类拔萃的青年人才数量不多、成长不快、成果不多、知名度不高。特别是新建本科院校和专科层次的高校，高水平的学科带头人更为紧缺，无法构建优良的学术梯队。

第四，高校教师培训工作滞后。高校教师培训是提高教师素质的有效途径，也是高校教师队伍建设的重要环节。现行高校教师培训体制与高等教育改革发展不相适应，其培训模式可以概括为：政府主导，培训网络体系组织协调，举办学校实施培训。其本质是一种政府集中计划和直接管理的体制，是计划经济体制的产物。在培训观念上，广大教师对教师培训普遍存在经济性、功利性思想，表现为重业务培训轻思想政治素质培训，重理论培训轻实践技能培训，重出国培训轻国内培训，使得各种培训形式发展不平衡；在管理方式上，主管部门只注重学历，轻能力和素质，教师培训与教师考核、职务晋升脱节；在培训内容上，多以专业理论培训为主，过于强调对教学内容的识记，忽视教学技能的培训；在培训手段上，仍然沿用传统培训手段，大大影响了培训的效率；培训经费的投入上虽然保持了一定的力度，但经费投入依然不足。

第五，教师队伍管理体制落后。首先，表现在教师队伍的管理机制上，教师队伍管理缺乏必要的竞争、激励机制，特别是在教师的选任、聘任、考核、培养、流动等方面缺乏有效机制。其次，表现在管理的外部环境上，当前的人事管理体制仍沿用计划经济体制下形成的管理体制，权限过分集中，而且政府与教育部门的职责不分，造成了一些地方的人事部门，直接包揽本应由教育行政部门负责的中观管理和学校自主决策的微观事务。同时，在学校内部，教师队伍管理、学科建设、教学、科研、培训等职能部门往往各自为政，协调性较差，甚至校内的教师流动也很困难。最后，教师队伍管理的法制建设还需要进一步加强，突出教师主体地位、保障教师职业尊严、荣誉与合法权益的制度文化建设还有待完善。

二、国外高校教师队伍建设的经验

世界一流大学有一个共识，就是必须具有世界一流的师资队伍，而要建设世界一流的师资队伍，就必须从全球范围内招贤纳士。如美国的哈佛大学、斯坦福大学、加州大学伯克利分校和麻省理工学院每年都要接受数千名外籍教师和学者访问，目的就是要从中寻找具有世界一流学术水平的教师。

（一）明确高校教师任职资格，不断完善教师聘用制度

为了保障大学教师的质量，各国高校对教师的任职资格都有明确规定，制定了严格的教师聘用标准，以保证教师来源的高素质，实行学位、学衔与教师职务、待遇挂钩。国外大学普遍规定，高校的教学和科研人员，应具有硕士以上学位，晋升教授要有博士学位，并且由教师的学位、学衔、职务共同决定教师的工资和各种福利。一般有学术水平、学历、教历三项，但对不同职称教师的具体要求不同。许多高校明确规定：只有硕士毕业才有资格担任讲师，晋升助理教授必须有博士学位，未获硕士以上学位的毕业生没有资格在高校从事教学工作。因此，硕士和博士学位成为高校教师任职资格的必要条件。一般来说，要进入美国大学任教，首要条件必须具有博士学位，多数大学还附加其他条件，包括一定的研究工作经历，不是本校当年毕业生等。在美国高校中，95%以上的教师都具有硕士学位，研究型大学中具有博士学位的教师比例高达 80% 以上。这种高学历以及研究或工作经历的要求使得刚进入大学的教师就已经完成了基础性、学术性、学历性教育。

发达国家大学教师聘任制具有以下特点：

一是教师任用法制化。西方发达国家为了规范高校教师任用制度，不断将高校教师的任用工作纳入法制化的轨道。德国的高等教育法对高校教师的编制、职责等问题作了全面规范。日本通过制定一系列的法律、法规，为教师的聘任、解聘等工作提供明确的法律依据和法律程序。1997 年日本通过了大学教员任职法，对国立、公立、私立大学实行任期制的条件、范围等作了明确规定。加拿大也通过法律的形式对大

学教师的权利、义务予以保障。

二是教师招聘过程公开、公正，重视教师的校外工作与研究经历。国外高校聘选教师一般都要向全国或有关机构和单位公布招聘信息。美国、德国、英国、日本等国规定教授一般必须公开招聘，在世界著名杂志上刊登广告，向国内外公开招聘教授，对于应聘者的学历、资历和科研成果进行全面的考察。如日本筑波大学为了贯彻竞争性原则，1994年首次在《科学》和《自然》杂志刊登招聘广告，公开招聘7名教授，来自26个国家的187人提出了申请，参与竞争，学校最后招聘了7人。由于学术上的血缘关系过近易形成狭隘的帮派体系，不利于博采众家之长和优秀人才的脱颖而出，最终导致学术退化，西方发达国家极力避免“近亲繁殖”，充分利用人才市场，面向社会招聘教师，一般不从本校毕业生中直接选留教师。美国大学一般把本校毕业的教师比例控制在全体教师总数的三分之一，防止可能形成的学阀帮派。英国剑桥大学规定，本校毕业生到校外单位工作若干年以后才有应聘本校教师的资格。德国大学招聘教授，规定最少须有3年以上校外工作的经历。德国教授从校外聘用的规定有利于改善大学教师队伍的学缘结构。

三是教师终身制与任期制相结合。发达国家大学教师聘任制可分为三种类型：一是美国式的。聘任制与试用制、契约制、终身制同时并行，对高级职称者没有任期规定，而对低级职称者规定聘任期。二是德国式的。大学教师中除了教授，其他都有任期规定。三是日本式的。由各大学自己决定任期。英国大学教授、高级讲师没有任期，而一般讲师规定任期。法国大学教授和副教授没有任期，助教规定任期。德国大学教授没有任期，一般规定讲师六年、高级助教四年、高级技师六年、学术助教和艺术助教三年。实行终身制与任期制并行的教师聘任制度能够免除教师的后顾之忧，稳定教师队伍，有效保护教师的学术自由权利。此外，西方发达国家的高校大多以评估机制来促进教师研究、教学或服务水平的不断提高，各高校都制定了较为科学的评估指标体系，使之规范化、制度化，并且与教师的去留、职称晋升、工资待遇挂钩。评估种类大体上分为年度评估、申请终身职位的评估、晋升评估。评估内容全面，包括教学效果与水平评估、科研绩效评估、行政服务及社会服务评估。评估方式多样化，包括本人总结、学生问卷调查、同事和系主任评价等。

（二）重视高校教师的专业发展，不断完善高校教师职前培养与职后培训体系

虽然将新任教师培训制度化的国家不是很多，但是各国都越来越重视新任教师培训工作。20 世纪 90 年代，为了适应高等教育对教师的要求，美国学院与大学联合会和研究生院委员会共同发起和实施了“未来教师培训计划”，旨在将博士研究生培养成为能胜任高校教学工作的人，使他们具有教学、研究和专业服务的职业能力，为他们未来选择教师职业创造一个好开端。美国许多大学还建立了各种旨在帮助提高教师水平的教学中心，为青年教师提供业务咨询和进行教学实践的场所。英国虽然在法令上没有规定新任教师培训的义务，但是非常重视对新任教师进行特别的培训。比如老教师对新教师进行指导，组织新教师进行教学参观等。俄罗斯对新教师采取了在任职第一年由熟练教师进行指导的培训体制。加拿大高校的新教师一般都有一定期限的见习期，见习期满后，合格者与学校签订长期任教合同，不合格者则被解聘。学校对新录用的教师进行教育理论和技能培训，培训内容包括为新教师讲授有关教学理论、教学计划、教学大纲、教学方法、课堂管理、处理师生关系等方面的基本知识；给新教师提供观察、论证、评价各种教学方法的机

会，使新教师懂得教育规律、提高教学能力。西方各国不仅注重新教师的专业培训，而且不断完善教师专业发展制度，并逐步同教师聘任工作相结合。美国高校通过实施资助青年学者和研究者的优惠制度，设立教学、科研奖金和学术休假，建立教师专业发展专项基金制度，积极鼓励教师走出校门参加各种学术交流活动，为教师参加国内外学术活动提供条件，使教师有机会获得新的信息，了解学科动向，扩大教师本人的学术影响。日本大学将教师的进修提高和晋升制度结合起来，并与科研奖励制度、教师考核制度联系起来，同时为高校师资的进修培养提供各种方便条件；每年派遣教师出国进修或进行学术考察，为教师出版科研成果提供经费支持，等等。德国大学为增强教授职位的吸引力，减少职位较低教师的职业风险，设立了“海森堡奖学金”，用于奖励获得高校执教资格的优秀青年学术人员，资助他们在受聘为教授之前从事校内与其资格相适应的研究工作。此外，德国对外交流计划中的“洪堡基金会”仅 1987 年就耗资 5200 万马克，资助 150 名德国学者获得了去国外进行研究、进修的机会。

（三）注重教师职业生涯发展规划，实行学术休假或研究假制度

学术休假或研究假制度是许多国家促进教师专业发展的重要手段。美国的高等学校鼓励教师参加校外乃至国际性的学术会议，以达到交流信息、了解学科发展、扩大影响的目的。尽管学校财力有限，但大都坚持拨出部分资金用于提高教师的学术水平。

许多高等学校还设有提高教师质量的服务中心，帮助教师提高教学水平。美国高校教师连续工作七年可以得到为期一年的“教育休假”。学术休假的活动范围不受限制，可以继续从事原有的科研课题的研究，也可以开拓新的领域；可以进行高深学科的深造、专题项目的研究、新技术开发、课程建设，也可以深入实际调查研究，从而提高专业理论水平。此外，美国高校也经常为教师提供短期学术假和一定的经费，或者减少工作负担，为教师到校外进行协作科研、到企业和国家实验室短期工作以及其他目的和形式的业务进修创造条件。德国的教授每四年可享受一学期的研究假。法国高校教师可享受学术休假，法国教育部根据各高校科学委员会建议，准许部分高校工龄 6 年以上的教师获得 1 年以内的学术休假。日本的国立、公立大学教师可享受“年度休假”，每年休假的最长时间为 30 天。

（四）保持教学科研人员与管理服务人员的适当比例，建立结构合理、高效的教师队伍

教师队伍结构是否合理直接影响到高校教师队伍的整体工作效率。西方发达国家注重从职称结构、学历结构、学缘结构方面加强教师队伍的管理，注意保持教学、科研、行政人员的适当比例，以利于发挥教师队伍的整体优势。从职称结构来看，发达国家高校教师的高级职称占有相当大的比例，从而确立了教授在高校学术活动中的主导作用。美国高校现有教学人员约 70 万人，其中专职教师约 47 万人，兼职教师约 23 万；教授占 36.1%，副教授占 27.5%，助理教授占 26.8%，其余为讲师或无职称的教学人员。综合性大学教授总数占了 36% 左右，在一些著名大学，教授比例高达 50% 左右。法国高校教授占教师总数的 30.5%，加上高级讲师，约占 37%；英国对高级职称控制极严，规定不超过总数的 40%。实际上，英国高校教师的高级职称平均约占 28%，牛津、剑桥占 1/3 左右。从学历结构来看，国外高校教师的学历结构呈高学历化趋势，高校教师任职资格不断提高，一般要求有博士学位。美国前 25 所研究型大学中，博士学位的比例更高。加州理工大学、布朗大学、莱斯

大学、西北大学均为100%，96%以上的共有20所，康乃尔大学最低也达到了91%。从学缘结构来看，英、美、德三国为了防止“近亲繁殖”，一般都不直接留用本校毕业生。从形式结构来看，美、日、法、德等西方国家高校大量聘用临时教师或兼职教师，兼职教师大多由各学科领域的专家、学者组成。从教学、科研人员与管理、服务人员的结构比例来看，西方发达国家高校中的管理服务人员比例较高，这有利于建立一支高效、精干的教学、科研人员队伍。在高校总体人员中，一般教学人员所占的比例为18%~23%，研究人员为8%~12%，行政管理人员为30%~35%，文职技术人员为25%~28%，服务人员为7%~12%。哈佛大学的教学人员一般维持在20%左右，研究人员占全院人员的比例偏低，行政管理人员比例较高，一般都达到了30%以上，有些学院甚至高达40%左右，文职和技术服务人员所占比例一般为20%~30%。[①]

三、建设新时代高素质教师队伍

教育是国之大计、党之大计，教师是立教之本、兴教之源。2018年9月10日，习近平总书记在全国教育大会上发表重要讲话：“建设社会主义现代化强国，对教师队伍建设提出新的更高要求，也对全党全社会尊师重教提出新的更高要求。”习近平总书记站在党和国家事业发展全局的战略高度，对广大教师为国家发展和民族振兴作出的重大贡献给予了高度评价，对建设一支宏大的高素质专业化教师队伍寄予了殷切希望，对加强教师队伍建设提出了明确要求。深刻领会习近平总书记讲话精神，科学把握新时代教师队伍建设要求，造就一支政治素质过硬、业

① 胡鹏轩：《陕西省理工科高校师资队伍建设研究》，西安工业大学硕士论文。

务能力精湛、育人水平高超的高素质教师队伍，努力培养德智体美全面发展的社会主义建设者和接班人，是高等院校当前和今后一段时期的重要任务。

教师是人类灵魂的工程师，是人类文明的传承者。在中华民族5000多年文明发展史上，英雄辈出，大师荟萃，都与一代又一代教师的辛勤耕耘是分不开的。中华人民共和国成立70年来，党和国家高度重视教育事业，建成了世界上最大规模的教育体系，保障了亿万人民群众受教育的权利，有力推动了经济社会发展。“经师易求，人师难得。”一个人一生遇到好老师，这是一个人的幸运；一个学校拥有好老师，这是这个学校的光荣；一个民族拥有源源不断的好老师，这是这个民族发展的根本依靠、未来依托。从这个意义上说，对教师提出高标准、严要求，是天经地义的，既是对学生负责，也是对民族负责。今天，面对新时代新形势对教育提出的新的更高要求，面对建设社会主义现代化强国对教师队伍能力和水平提出的新的更高要求，我们必须从战略高度认识加强教师队伍建设的重大意义，坚持把教师队伍建设作为基础工作，引导教师做有理想信念、有道德情操、有扎实学识、有仁爱之心的好老师，做学生锤炼品格、学习知识、创新思维、奉献祖国的引路人，致力于建设一支宏大的高素质专业化教师队伍。

第一，在教师评价上，坚持师德师风第一。“师者，人之模范也。”为师亦为范的职业特性使教师的一言一行都会对学生产生巨大影响。这就决定了教师必须是道德高尚的人群，必须在思想政治素质、道德情操水平、人格品质修养上有更高追求。习近平总书记强调，评价教师队伍素质的第一标准应该是师德师风。高素质教师队伍建设，必须把师德师风建设摆在首位，既有严格规定，又有日常教育督导，切实引导教师做到“以德立身、以德立学、以德施教”。广大教师要用习近平新时代中国特色社会主义思想武装头脑，增强“四个意识”、坚定“四个自信”、做到“两个维护”，真正成为中国特色社会主义的坚定信仰者和忠实实践者；忠诚于党和人民的教育事业，全面贯彻党的教育方针，坚持不懈培育和弘扬社会主义核心价值观、坚持不懈促进高校和谐稳定、坚持不懈培育优良校风和学风；模范遵守社会公德、职业道德、家庭美德和个人品德，把立德、修德、践德作为终身追求。

第二，在使命责任上，坚持成为“四个引路人”。教师做的是传播知识、传播思想、传播真理的工作，承担着塑造灵魂、塑造人生的神圣使命。广大教师必须牢记使命、不忘初衷，承担起学生健康成长“四个引路人”的责任。一是成为学生锤炼品格的引路人，将思想政治工作贯穿教育全过程，让学生感悟马克思主义真理力量，践行社会主义核心价值观，使学生明大德、守公德、严私德。二是成为学生学习知识的引路人，倾心教学，潜心问道，不断提升教师专业能力，使学生长知识、明道理、强本领。三是成为学生创新思维的引路人，主动开展教学研究，不断改革教学模式，强化素质能力养成，使学生愿创新、能创新、善创新。四是成为学生奉献祖国的引路人，强化思想引导，使学生正确认识世界和中国发展大势、正确认识中国特色和国际比较、正确认识时代责任和历史使命、正确认识远大抱负和脚踏实地，自觉把个人理想融入国家和民族事业中，扎根人民，奉献国家。

第三，在基本素质上，坚持做“四有”好教师。现代信息技术飞速发展，知识获取和传授方式、教和学关系等发生革命性变化，对教师队伍素质提出了更高要求。从培养社会主义建设者和接班人的高度，考虑大学教师的素质要求，就必须坚持做到“四有”。一是有理想信念，心怀国家和民族，始终同党和人民站在一起，不断加深对中国特色社会主义的思想认同、理论认同、情感认同，自觉将道路自信、理论自信、制度自信、文化自信转化为教书育人的自信。二是有道德情操，自觉提高道德修养、提升人格品质、坚守精神家园，成为社会主义核心价值观的坚定信仰者、积极传播者、模范践行者。三是有扎实学识，具备深厚的专业知识、科学的教育知识和丰富的通用知识，具有广阔的视野和深刻的智慧，能够主动开拓创新，掌握科学发展动态，站在知识发展前沿。四是有仁爱之心，热爱教育，努力担当立德树人的神圣使命；热爱岗位，履职尽责、勤于工作、甘于奉献；热爱学生，对学生严爱相济、有教无类、精心引导，给学生充分的尊重、理解和宽容。

第四，在实践路径上，坚持实现“四个相统一”。高校教师贯彻落实立德树人根本任务，必须遵循思想政治教育规律、教书育人规律和学生成长规律，在教育教学活动中真正实现“四个相统一”。坚持教书与育人相统一，注重思想引导和价值塑造，把马克思主义立场观点方法贯穿到专业教学中，用社会主义核心价值观引领知识教育。不能只“授业、解惑”，而不“传道”。要既会当“经师”，又善当“人师”，成为塑造学生品格、品行、品位的“大先生”。坚持言传和身教相统一，以身作则、率先垂范，自觉成为先进思想文化的传播者、党执政的坚定支持者，带头弘扬和践行社会主义核心价值观，用坚定信念、高尚品格、优良作风引人以大道、启人以大智，不断提高学生政治觉悟、思想水平、道德品质、文化素养。坚持潜心问道和关注社会相统一，既要有学术理想，又要有服务国家和人民的价值追求，以家国情怀关注社会现实，自觉贯彻党的方针政策，在为人民服务、为中国共产党治国理政服务、为巩固和发展中国特色社会主义制度服务、为改革开放和社会主义现代化建设服务中，不断汲取养分、丰富思想。坚持学术自由和学术规范相统一，区分一般的学术问题和严肃的政治问题，做到研究有规范、言论守规矩、讲授有纪律。本着对国家负责、对社会负责、对学生负责的态度，不信口开河，不混淆误导。

第五，在建设成效上，坚持学生“四个具有”。习近平总书记明确指出，要把立德树人的成效作为检验学校一切工作的根本标准。培养德智体美全面发展的社会主义建设者和接班人是大学建设高素质教师队伍的出发点，亦是落脚点。教师队伍建设，需要重师德、强改革、优管理，广大教师要身体力行、自我提升，大学要高度重视、全力支持。但教师队伍建设工作开展得好不好、成效高不高，最终还是要看培养的学生是否成为德智体美全面发展的人：要具有执着的信念，立鸿鹄志，做奋斗者，为共产主义远大理想和中国特色社会主义共同理想不懈奋斗，为实现中华民族伟大复兴的中国梦顽强拼搏。要具有优良的品德，忠于祖国、忠于人民，自觉践行社会主义核心价值观，传承中华民族伟大精神。要具有丰富的知识，明辨天下道理，掌握事物规律，求真理、悟道理、名事理。要具有过硬的本领，积极实践、扎实工作，专攻博览、开拓创新，真正成为实现中华民族伟大复兴的生力军。[①]

四、深化高校人事制度改革

人事制度改革是建设现代大学制度的重要内容，是深化高等教育领域综合改革、创建世界一流大学和一流学科的重要突破口。坚持完善用人机制，建立科学的人才分类评价机制，推进人才队伍分系列发展和考

① 王清义：《造就新时代高素质教师队伍》，《光明日报》2018年7月30日。

核评价制度改革，深化多元动态的薪酬改革，才能不断激发高校人才队伍活力。

第一，完善人力资源规划与用人制度体系。高校要根据国家实行高等学校人员总量管理的趋势，结合发展目标、定位及实际情况，制定适合校情的人力资源总体规划，明确人才队伍的规模与结构，对晋升和发展通道进行合理规划，进一步完善多元化用人制度体系，探索专业技术人员跨学院联合聘任机制；完善结合岗位职责和任务的年度考核、聘期考核标准；完善不同系列、不同类型职位体现工作水平、业绩贡献的晋升晋级评价标准体系。

第二，推进教师队伍分系列发展和考核评价制度改革。推进教师分类管理、分系列发展等做法符合高等教育发展趋势和建设世界一流大学的发展规律。高校要依据学校、学科发展目标和“双一流”建设要求，优化教师岗位设置、管理、评价体系，对于不同岗位的教师提供不同职业发展平台和晋升渠道，鼓励教师个性化发展。以学术质量和科技创新为导向，完善高校教师破格晋升、直聘、高聘机制，为优秀青年人才的脱颖而出提供制度保障。探索教研系列准聘、长聘管理机制，完善教学系列评价机制，完善专职研究队伍建设管理机制，鼓励院系根据行业特色、学科特点和团队建设的需要，设置“成果转化”“平台建设”“社会服务”等类型岗位。突出教育教学业绩和师德考核，将教授为本科生上课作为基本制度，所有教师都要承担教育教学工作；完善科研评价导向，坚持服务国家需求和注重实际贡献；尊重学科差异、岗位差异，尊重教师成长发展规律，注重分类考核评价，引领教师专业发展；哲学社会科学教师评价重在同行认可和社会效益；进一步规范工作程序，完善“代表性成果”评审制度，加强评审监督。

第三，切实提高教师地位待遇，制定多元动态的薪酬体系。习近平总书记倡导全党全社会尊师重教，从此前提出的“使教师成为最受社会尊重的职业”“让教师成为让人羡慕的职业”，到全国教育大会上提出的“让广大教师享有应有的社会声望”，充分体现了总书记对提高教师地位待遇一以贯之的高度重视。要满腔热情关心教师，切实提高地位待遇，让广大教师在岗位上有幸福感、事业上有成就感、社会上有荣誉感。首先，从政治上提高，明确教师的特别重要地位，凸显教师职业的公共属性；建设现代学校制度，充分发挥教师在办学治校中的重要作用，保障教师参与学校决策的民主权利。其次，从收入上提高，扩大高校收入分配自主权，建立体现增加知识价值为导向的收入分配机制。再次，从健康上提高，优化健康服务，完善健康保障，健全体检制度，让教师健康工作五十年、幸福生活一辈子；特别注重关心心理健康，减轻教师负担，缓解工作压力，优化工作环境，让校园之美与教师心灵之美相得益彰、相互滋养。最后，从荣誉上提高，加大表彰力度，深入做好教学名师、教育系统先进集体和先进个人、教书育人楷模等评选推选活动，鼓励各地因地制宜开展多种形式的表彰奖励活动，鼓励社会力量出资奖励。

在国家政策指导及总量调控的基础上，构建既确保“绩效”又兼顾“公平”的绩效工资制度，有助于实现高校人才队伍的相对稳定及合理流动。高校应建立体现以增加知识价值为导向的收入分配机制，适应多元化用人模式，构建以岗位绩效工资为主体，年薪制、协议工资、项目工资等并存的收入分配体系；探索教学科研系列，实施长聘人员年薪制；教学系列实施岗位绩效制度，通过提高绩效引导教师对人才培养的投入，加大对教学型名师的岗位激励力度；研究系列试行保障基本、人力成本核算和补偿机制；探索依托团队的项目工资制度。实现人力资本投入在学校预算所占比重制度化，建立规范化的薪酬调整机制，给予教师相对稳定的预期。

五、完善人才发展支撑体系

千秋基业，人才为本。只有培养出一流人才的高校，才能够成为世界一流大学。党的十八大以来，习近平总书记关于教育工作的重要论述，思想深刻，内涵丰富，其中贯穿始终的一个鲜明主题就是“培养什么人、怎样培养人、为谁培养人”这一根本问题。在全国教育大会上，习近平总书记强调，培养什么人，是教育的首要问题。我国是中国共产党领导的社会主义国家，这就决定了我们的教育必须把培养社会主义建设者和接班人作为根本任务，培养一代又一代拥护中国共产党领导和我国社会主义制度、立志为中国特色社会主义奋斗终身的有用人才。

第一，坚持“人才强校”战略。高校要结合“双一流”建设，充分发挥现有人才计划的集聚效应，对接国家、上级部门、地方各类人才计划，育引一批具有国际影响力的学科领军人才和青年学术英才，着力打造创新团队。加强高端智库建设，依托人文社会科学重点研究基地等，汇聚培养一批哲学社会科学名家名师。在高层次人才遴选和培育中要突出教书育人，让科学家同时成为教育家。

第二，完善校领导联系人才制度。校院两级要加强协同、形成合力，校院两级领导带头尊重人才、关心人才、助力人才成长，努力营造广纳贤才、真心育才、主动荐才、大胆用才、宽容待才、温馨留才的环境。加强党对人才工作的领导，坚持每位校领导联系 5~6 位高层次优秀人才，与他们面对面问政问策、交流思想，帮助他们解决工作和生活中的困难，做好他们的思想政治工作，把优秀人才团结和凝聚到学校的各项事业中来。

第三，着力提高教师专业能力。加强教师专业技能培训，提升教学学术发展能力，积极搭建教师发展平台，加强院系教研室等学习共同体建设，加强学校内部多部门协同，组织研修活动，建立完善传帮带机制，开展教学研究与指导，推进教学改革与创新。创造更多现场锻炼、行业挂职、出国研修等机会，为优秀青年人才尽快成长打造良好的平台。创新培养要求，鼓励中青年教师丰富出国研修和实践经历，开阔国际视野、加强国际交流合作，深入了解国家、行业需求，追踪学科前沿、提升原始创新和服务国家需求的能力。

创新案例

清华大学：大力加强教师思想政治工作

清华大学深入学习习近平新时代中国特色社会主义思想，认真贯彻全国教育大会和全国高校思想政治工作会议精神，以加强教师思想政治工作为重点，强化组织领导和思想引领，夯实基层党建根基，引导教师立德树人、崇德尚业，做好学生引路人。

以加强组织领导为统领，提高工作体系协同性。校党委常委会定期研究教师思想政治工作，明确党政机构与队伍职责，打造专兼结合、素质优良的工作力量。成立党委书记、校长任主任的教师思想政治工作委员会、师德建设委员会，设立党委教师工作部，不断完善党委统一领导、党政齐抓共管、部门分工合作、院系具体落实、教师自我约束的工作格局和机制。成立教师发展中心，推进“新教师导引计划”，并专设师德和思政教育模块，构建全周期教师职业发展体系。将加强和改进教师思想政治工作纳入年度计划、院系评估、党建述职、支部评议等环节，推动各部门各层面落实工作责任。围绕培育和践行社会主义核心价值观、建立健全师德建设长效机制等，制定实施一系列制度文件，要求全体教师切实将立德树人作为第一责任。加强学术道德教育，完善教师学术规范教育培训、学术不端行为预防查处等制度。

以思想理论建设为先导，扩大宣传教育覆盖面。成立习近平新时代中国特色社会主义思想研究院，持续建好重点马克思主义学院，实施党建与思想政治工作专项,2018 年立项支持 16 项课题。组织百余位专家、干部参加理论宣讲团，全年面向校内外宣讲 200 多场，覆盖上万人次。制定教职工政治理论学习实施办法，明确党支部主体责任，对参加学习的数量和内容提出具体要求。开展“做新时代‘四有’好老师和‘四个引路人’”学习实践活动和“弘扬爱国奋斗精神、建功立业新时代”活动，举办南仁东先进事迹报告会，营造浓郁氛围。针对不同群体开展多样化专题培训，组织教师赴革命老区、改革开放前沿调研，办好文科骨干教师研讨班、青年马克思主义理论研讨班，组织教师参加北京市“双百行动计划”和各类研修班。持续开展名师教学讲坛、教学工作坊、“教与学”午餐会、教师教学海外研修，2018 年举办校级教学培训 20 余场，覆盖教师 2000 余人次。

以师生互动成长为主线，增强教书育人责任感。深化教师人事制度改革，定期召开教师节大会、教书育人研讨会等，增强一线教师对学校办学理念、育人理念的认知认同。深化教育教学改革，以“践行价值塑造、能力培养、知识传授‘三位一体’教育理念，全面建设一流人才培养模式”为主题，召开第 25 次教育工作讨论会，形成 40 项行动方案，推出首批7门标杆课程。设立“新百年教学成就奖”和“年度教学优秀奖”，鼓励推动全体青年教师参加教学培训和教学比赛，互相观摩学习、共同提高。推行“开放交流时间”制度，教师面向全校学生公开设立交流时间，学生可在此时间到指定地点与教师面对面交流。由本科生评选“清韵烛光——我最喜爱的教师”、研究生评选“良师益友”，在校园媒体开设先进表彰专栏，充分发挥身边先进典型的示范引领作用。鼓励学术精深的教师担任本科生班主任，目前班主任、级主任中长聘教授106人、长聘副教授77人，占比36.2%。严格教学和课堂纪律，优化干部听课制度，完善校院两级教学督导制，大力营造“以教学为荣”“天下第一等职业还是教书”的教学文化。将教师参与指导学生课外科技创新活动记入教学工作量，每年有超过700名教师参与指导“挑战杯”竞赛、学术研究推进计划、“星火班”等科技创新竞赛和因材施教项目。

以创新基层党建为根基，夯实思政工作基本面。明确教师党支部在教师队伍建设中政治把关和师德把关要求，强化党支部在团结、带领、教育、服务全体教职工的作用，将党支部政治责任纳入院系党建工作责任体系。举办教工党支部书记研讨班、新任支委培训班，制定教师党支部书记“双带头人”培育工程实施方案，明确“双带头人”标准，实施“领雁工程”，实现党支部书记的集中轮训全覆盖，提升党支部书记综合素质。健全学校、院系、党支部三级联动机制，形成工作合力，坚持不懈做好在教师中发展党员工作。实施“对标争先”建设计划，遴选出首批党建标杆单位4个、标兵党支部30个、“双带头人”教师党支部书记工作室10个，组织工作交流、经验推广活动，发挥先进典型示范引领作用。

（来源：清华大学，2019年3月29日）

附　录

把思想政治工作贯穿教育教学全过程 开创我国高等教育事业发展新局面

全国高校思想政治工作会议12月7日至8日在北京召开。中共中央总书记、国家主席、中央军委主席习近平出席会议并发表重要讲话。他强调，高校思想政治工作关系高校培养什么样的人、如何培养人以及为谁培养人这个根本问题。要坚持把立德树人作为中心环节，把思想政治工作贯穿教育教学全过程，实现全程育人、全方位育人，努力开创我国高等教育事业发展新局面。

中共中央政治局常委、中央书记处书记刘云山作总结讲话。中共中央政治局常委王岐山、张高丽出席会议。

习近平在讲话中指出，教育强则国家强。高等教育发展水平是一个国家发展水平和发展潜力的重要标志。实现中华民族伟大复兴，教育的地位和作用不可忽视。我们对高等教育的需要比以往任何时候都更加迫切，对科学知识和卓越人才的渴求比以往任何时候都更加强烈。党中央作出加快建设世界一流大学和一流学科的战略决策，就是要提高我国高等教育发展水平，增强国家核心竞争力。

习近平强调，我国有独特的历史、独特的文化、独特的国情，决定了我国必须走自己的高等教育发展道路，扎实办好中国特色社会主义高校。我国高等教育发展方向要同我国发展的现实目标和未来方向紧密联系在一起，为人民服务，为中国共产党治国理政服务，为巩固和发展中国特色社会主义制度服务，为改革开放和社会主义现代化建设服务。

习近平指出，我国高等教育肩负着培养德智体美全面发展的社会主义事业建设者和接班人的重大任务，必须坚持正确政治方向。高校立身之本在于立德树人。只有培养出一流人才的高校，才能够成为世界一流大学。办好我国高校，办出世界一流大学，必须牢牢抓住全面提高人才培养能力这个核心点，并以此来带动高校其他工作。

习近平强调，我们的高校是党领导下的高校，是中国特色社会主义高校。办好我们的高校，必须坚持以马克思主义为指导，全面贯彻党的教育方针。要坚持不懈传播马克思主义科学理论，抓好马克思主义理论教育，为学生一生成长奠定科学的思想基础。要坚持不懈培育和弘扬社会主义核心价值观，引导广大师生做社会主义核心价值观的坚定信仰者、积极传播者、模范践行者。要坚持不懈促进高校和谐稳定，培育理性平和的健康心态，加强人文关怀和心理疏导，把高校建设成为安定团结的模范之地。要坚持不懈培育优良校风和学风，使高校发展做到治理有方、管理到位、风清气正。

习近平指出，思想政治工作从根本上说是做人的工作，必须围绕学生、关照学生、服务学生，不断提高学生思想水平、政治觉悟、道德品质、文化素养，让学生成为德才兼备、全面发展的人才。

习近平强调，要教育引导学生正确认识世界和中国发展大势，从我们党探索中国特色社会主义历史发展和伟大实践中，认识和把握人类社会发展的历史必然性，认识和把握中国特色社会主义的历史必然性，不断树立为共产主义远大理想和中国特色社会主义共同理想而奋斗的信念和信心；正确认识中国特色和国际比较，全面客观认识当代中国、看待外部世界；正确认识时代责任和历史使命，用中国梦激扬青春梦，为学生点亮理想的灯、照亮前行的路，激励学生自觉把个人的理想追求融入国家和民族的事业中，勇做走在时代前列的奋进者、开拓者；正确认识远大抱负和脚踏实地，珍惜韶华、脚踏实地，把远大抱负落实到实际行动中，让勤奋学习成为青春飞扬的动力，让增长本领成为青春搏击的能量。

习近平指出，做好高校思想政治工作，要因事而化、因时而进、因势而新。要遵循思想政治工作规律，遵循教书育人规律，遵循学生成长规律，不断提高工作能力和水平。要用好课堂教学这个主渠道，思想政治理论课要坚持在改进中加强，提升思想政治教育亲和力和针对性，满足学生成长发展需求和期待，其他各门课都要守好一段渠、种好责任田，使各类课程与思想政治理论课同向同行，形成协同效应。要加快构建中国特色哲学社会科学学科体系和教材体系，推出更多高水平教材，创新学术话语体系，建立科学权威、公开透明的哲学社会科学成果评价体系，努力构建全方位、全领域、全要素的哲学社会科学体系。要更加注重以文化人以文育人，广泛开展文明校园创建，开展形式多样、健康向上、格调高雅的校园文化活动，广泛开展各类社会实践。要运用新媒体新技术使工作活起来，推动思想政治工作传统优势同信息技术高度融合，增强时代感和吸引力。

习近平强调，教师是人类灵魂的工程师，承担着神圣使命。传道者自己首先要明道、信道。高校教师要坚持教育者先受教育，努力成为先进思想文化的传播者、党执政的坚定支持者，更好担起学生健康成长指导者和引路人的责任。要加强师德师风建设，坚持教书和育人相统一，坚持言传和身教相统一，坚持潜心问道和关注社会相统一，坚持学术自由和学术规范相统一，引导广大教师以德立身、以德立学、以德施教。

习近平指出，办好我国高等教育，必须坚持党的领导，牢牢掌握党对高校工作的领导权，使高校成为坚持党的领导的坚强阵地。党委要保证高校正确办学方向，掌握高校思想政治工作主导权，保证高校始终成为培养社会主义事业建设者和接班人的坚强阵地。各级党委要把高校思想政治工作摆在重要位置，加强领导和指导，形成党委统一领导、各部门各方面齐抓共管的工作格局。各地党委书记和有关部门党组书记要多到高校走走，多同师生接触，多次去高校作报告，回答师生关注的理论和现实问题。要加强同高校知识分子的联系，多关心、多交流、多鼓励，善交朋友、广交朋友、深交朋友，多听他们的意见，真听他们的意见。

习近平强调，高校党委对学校工作实行全面领导，承担管党治党、办学治校主体责任，把方向、管大局、作决策、保落实。要加强高校党的基层组织建设，创新体制机制，改进工作方式，提高党的基层组织做思想政治工作能力。要做好在高校教师和学生中发展党员工作，加强党员队伍教育管理，使每个师生党员都做到在党爱党、在党言党、在党为党。

习近平指出，长期以来，高校思想政治工作队伍兢兢业业、甘于奉献、奋发有为，为高等教育事业发展作出了重要贡献。要拓展选拔视野，抓好教育培训，强化实践锻炼，健全激励机制，整体推进高校党政干部和共青团干部、思想政治理论课教师和哲学社会科学课教师、辅导员班主任和心理咨询教师等队伍建设，保证这支队伍后继有人、源源不断。

刘云山在讲话中指出，习近平总书记重要讲话从全局和战略高度，深刻回答了事关高等教育事业发展和高校思想政治工作的一系列重大问题，具有很强的政治性、思想性和针对性，是指导做好新形势下高校思想政治工作的纲领性文献，对于办好中国特色社会主义大学、推进党和国家事业发展，具有十分重要的意义。要深入学习领会，自觉用讲话精神指导工作，推动高校思想政治工作和党的建设强起来。

刘云山说，贯彻习近平总书记重要讲话精神，重在提高思想认识、解决突出问题、抓好任务落实。要深刻认识做好高校思想政治工作的重大意义、目标任务和基本要求，增强做好工作的责任感使命感。要牢牢把握社会主义办学方向，坚持以马克思主义为指导，坚持党对高校的领导，增强道路自信、理论自信、制度自信、文化自信，培养中国特色社会主义合格建设者和可靠接班人。要办好思想政治理论课，发挥好哲学社会科学育人功能，加强高校各类阵地建设管理，加强教师队伍和思想政治工作队伍建设。要强化问题导向，弘扬改革创新精神，在破解高校思想政治工作短板上取得实质性进展。各级党委要负起把关定向、统筹指导、建强班子的责任，把高校思想政治工作纳入党建工作和意识形态工作责任制，确保高校成为坚持党的领导的坚强阵地。组织、宣传、教育等部门要各负其责，形成齐抓共管的工作格局。高校党委要履行好管党治党、办学治校的主体责任，坚持和完善党委领导下的校长负责制，抓好基层党组织建设，把党建和思想政治工作优势转化为高校发展优势。

北京市、浙江省、陕西省、清华大学、哈尔滨工业大学、上海大学、华南师范大学、四川交通职业技术学院负责同志在会上发言。

部分中共中央政治局委员、中央书记处书记出席会议。

中央党的建设工作领导小组成员，中央宣传思想工作领导小组成员，中央和国家机关有关部门负责同志，中央军委机关有关部门负责同志，各省区市和新疆生产建设兵团党委政府有关负责同志，部分高校党委书记和校长出席会议。

（《人民日报》2016 年 12 月 9 日）

关于加强和改进新形势下高校思想政治工作的意见

新华社北京 2 月 27 日电 近日，中共中央、国务院印发了《关于加强和改进新形势下高校思想政治工作的意见》(以下简称《意见》)。

《意见》强调指出，高校肩负着人才培养、科学研究、社会服务、文化传承创新、国际交流合作的重要使命。加强和改进高校思想政治工作，事关办什么样的大学、怎样办大学的根本问题，事关党对高校的领导，事关中国特色社会主义事业后继有人，是一项重大的政治任务和战略工程。

《意见》分为七个部分：一、重要意义和总体要求；二、强化思想理论教育和价值引领；三、发挥哲学社会科学育人功能；四、加强对课堂教学和各类思想文化阵地的建设管理；五、加强教师队伍和专门力量建设；六、推进高校思想政治工作改革创新；七、加强和改善党对高校的领导。

《意见》指出，我们党历来高度重视高校思想政治工作，探索形成了一系列基本方针原则和工作遵循。党的十八大以来，以习近平同志为核心的党中央把高校思想政治工作摆在突出位置，作出一系列重大决策部署，各地区各有关部门各高校采取有力有效措施，积极主动开展工作，创造了许多成功做法，积累了许多宝贵经验。大学生思想政治教育成效显著，教师思想政治素质明显提高，各类思想文化阵地建设和管理不断加强，中国特色社会主义理论体系进教材、进课堂、进头脑工作扎实有效，社会主义核心价值观建设持续推进，高校意识形态领域主流积极健康向上，广大师生对以习近平同志为核心的党中央拥护信任，对党中央治国理政新理念新思想新战略高度认同，对中国特色社会主义和中华民族伟大复兴中国梦充满信心。总体上看，高校思想政治工作持续加强和改进，呈现出良好发展态势，为保证高等教育改革发展、服务党和国家工作大局作出了重要贡献。

《意见》指出，加强和改进高校思想政治工作的指导思想是：高举中国特色社会主义伟大旗帜，全面贯彻党的十八大和十八届三中、四中、五中、六中全会精神，以马克思列宁主义、毛泽东思想、邓小平理论、“三个代表”重要思想、科学发展观为指导，深入学习贯彻习近平总书记系列重要讲话精神和治国理政新理念新思想新战略，全面贯彻党的教育方针，坚持社会主义办学方向，扎根中国大地办大学，以立德树人为根本，以理想信念教育为核心，以社会主义核心价值观为引领，切实抓好各方面基础性建设和基础性工作，切实加强和改善党的领导，全面提升思想政治工作水平，紧密团结在以习近平同志为核心的党中央周围，牢固树立政治意识、大局意识、核心意识、看齐意识，坚定不移维护党中央权威和党中央集中统一领导，为实现“两个一百年”奋斗目标、实现中华民族伟大复兴的中国梦，培养又红又专、德才兼备、全面发展的中国特色社会主义合格建设者和可靠接班人。

《意见》指出，加强和改进高校思想政治工作的基本原则是:（1）坚持党对高校的领导。落实全面从严治党要求，把党的建设贯穿始终，着力解决突出问题，维护党中央权威、保证党的团结统一，牢牢掌握党对高校的领导权。（2）坚持社会主义办学方向。坚持马克思主义指导地位，坚持以人民为中心的发展思想，更好为改革开放和社会主义现代化建设服务、为人民服务。（3）坚持全员全过程全方位育人。把思想价值引领贯穿教育教学全过程和各环节，形成教书育人、科研育人、实践育人、管理育人、服务育人、文化育人、组织育人长效机制。（4）坚持遵循教育规律、思想政治工作规律、学生成长规律。把握师生思想特点和发展需求，注重理论教育和实践活动相结合、普遍要求和分类指导相结合，提高工作科学化精细化水平。（5）坚持改革创新。推进理念思路、内容形式、方法手段创新，增强工作时代感和实效性。

《意见》指出，要强化思想理论教育和价值引领。把理想信念教育放在首位，切实抓好马克思列宁主义、毛泽东思想学习教育，广泛开展中国特色社会主义理论体系学习教育，深入学习习近平总书记系列重要讲话精神，引导师生深刻领会党中央治国理政新理念新思想新战略，坚定中国特色社会主义道路自信、理论自信、制度自信、文化自信。要培育和践行社会主义核心价值观，把社会主义核心价值观体现到教书育人全过程，引导师生树立正确的世界观、人生观、价值观，加强国家意识、法治意识、社会责任意识教育，加强民族团结进步教育、国家安全教育、科学精神教育，以诚信建设为重点，加强社会公德、职业道德、家庭美德、个人品德教育，提升师生道德素养。要弘扬中华优秀传统文化和革命文化、社会主义先进文化，实施中华文化传承工程，推动中华优秀传统文化融入教育教学，加强革命文化和社会主义先进文化教育，深化中国共产党史、中华人民共和国史、改革开放史和社会主义发展史学习教育，利用我国改革发展的伟大成就、重大历史事件纪念活动、爱国主义教育基地、国家公祭仪式等组织开展主题教育，弘扬以爱国主义为核心的民族精神和以改革创新为核心的时代精神。要进一步办好高校思想政治理论课，充分发挥思想政治理论课的主渠道作用，深入实施高校思想政治理论课建设体系创新计划，完善教材体系，提高教师素质，创新教学方法，增强教学的吸引力、说服力、感染力。要加强高校马克思主义学院建设，打造马克思主义理论教学、研究、宣传和人才培养的坚强阵地，支持有条件的高校设置马克思主义理论专业，深入实施马克思主义理论研究和建设工程。

《意见》指出，要发挥哲学社会科学育人功能。强调要加强哲学社会科学学科体系建设，积极构建中国特色、中国风格、中国气派的哲学社会科学学科体系，强化马克思主义理论学科的引领作用，支持有条件的高校在马克思主义理论一级学科下设置党的建设二级学科，实施高校马克思主义理论人才支持培养计划，积极推进学术话语体系创新，加快完善具有中国特色和国际视野的哲学、历史学、经济学、政治学、法学、社会学、民族学、新闻学、人口学、宗教学、心理学等学科，努力建设一批中国特色、世界一流的哲学社会科学学科。加快建设一批哲学社会科学专业核心课程教材。要规范哲学社会科学教材选用，建立国家优秀教材评选奖励制度，完善学术评价体系和评价标准，建立科学权威、公开透明的哲学社会科学成果评价体系，健全优秀成果评选推广机制，提高高校学术委员会建设水平。

《意见》指出，要加强对课堂教学和各类思想文化阵地的建设管理。充分发掘和运用各学科蕴含的思想政治教育资源，健全高校课堂教学管理办法。要加强对校园各类思想文化阵地的规范管理，加强校园网络安全管理，营造风清气正的网络环境。

《意见》指出，要加强教师队伍和专门力量建设。强调要提升教师思想政治素质，加强思想政治工作，建立中青年教师社会实践和校外挂职制度，加强师德师风建设，增强教师教书育人的责任担当。要完善教师评聘和考核机制，增加课堂教学权重，引导教师将更多精力投入到课堂教学上，完善教师职业道德规范，实施师德“一票否决”。高校思想政治工作队伍和党务工作队伍具有教师和管理人员双重身份，要纳入高校人才队伍建设总体规划，形成一支专职为主、专兼结合、数量充足、素质优良的工作力量。

《意见》指出，要推进高校思想政治工作改革创新。强调要贴近师生思想实际，以改革创新精神做好高校思想政治工作，建立健全校领导、院（系）领导联系师生、谈心谈话制度，在平等沟通、民主讨论、互动交流中进行思想引导，有的放矢、生动活泼地开展工作，发挥师德楷模、名师大家、学术带头人等的示范引领作用。要加强互联网思想政治工作载体建设，加强学生互动社区、主题教育网站、专业学术网站和“两微一端”建设，运用大学生喜欢的表达方式开展思想政治教育。要强化社会实践育人，提高实践教学比重，组织师生参加社会实践活动，完善科教融合、校企联合等协同育人模式，加强实践教学基地建设，建立健全国家机关、企事业单位、社会团体接收大学生实习实训制度，开设创新创业教育专门课程，增强军事训练实效，建立健全学雷锋志愿服务制度。要在服务引导中加强思想教育，把解决思想问题与解决实际问题结合起来，做到既讲道理又办实事，加强学生学业就业指导，帮助大学生顺利完成学业，加强人文关怀和心理疏导，促进大学生身心和人格健康发展，加强对家庭经济困难学生的资助工作，积极帮助解决教师的合理诉求。积极发挥共青团、学生会组织和学生社团作用。要健全高校思想政治工作评价体系，研究制定内容全面、指标合理、方法科学的评价体系，推动高校思想政治工作制度化。

《意见》最后强调，要加强和改善党对高校的领导。要完善高校党的领导体制，坚持和完善普通高校党委领导下的校长负责制，高校党委对本校工作实行全面领导，履行管党治党、办学治校的主体责任，切实发挥领导核心作用。按照社会主义政治家、教育家标准，选好配强高校领导班子特别是党委书记和校长。高校党委书记主持党委全面工作，履行高校思想政治工作和党的建设第一责任人的职责。校长是学校的法人代表，在党委领导下组织实施党委有关决议，行使高等教育法等规定的各项职权。其他党委班子成员履行“一岗双责”，结合业务分工抓好思想政治工作和党的建设工作。要强化院（系）党的领导，发挥院（系）党委（党总支）的政治核心作用，履行政治责任，保证监督党的路线方针政策及上级党组织决定的贯彻执行。认真执行民主集中制原则，通过院（系）党政联席会议讨论和决定本单位重要事项，健全院（系）集体领导、党政分工合作、协调运行的工作机制，提升班子整体功能和议事决策水平。要加强高校基层党建工作，建立健全高校基层党组织，加强教师党支部、学生党支部特别是研究生党支部建设，充分发挥党支部战斗堡垒作用。坚持党的组织生活各项制度，组织党员深入开展“两学一做”学习教育，认真做好在高校优秀青年教师、高校学生中发展党员工作，加强党员日常管理监督。要健全地方党委抓高校思想政治工作制度，切实加强组织领导和工作指导，坚持和完善党委定期研究、领导干部联系高校等制度，建立部门协作常态机制，形成党委统一领导、党政齐抓共管、职能部门组织协调、社会各方积极参与的工作格局。高度重视民办高校、中外合作办学中党的建设和思想政治工作，探索党组织发挥政治核心作用的有效途径，完善政策保障和经费支持，为加强和改进高校思想政治工作创造良好条件。

（《人民日报》2017 年 2 月 28 日）

高校思想政治工作质量提升工程实施纲要

为认真学习贯彻党的十九大精神，进一步把贯彻落实全国高校思想政治工作会议和《中共中央国务院关于加强和改进新形势下高校思想政治工作的意见》精神引向深入，大力提升高校思想政治工作质量，特制定《高校思想政治工作质量提升工程实施纲要》（以下简称《实施纲要》）。

一、目标原则

1. 总体目标。坚持以习近平新时代中国特色社会主义思想为指导，紧紧围绕统筹推进“五位一体”总体布局和协调推进“四个全面”战略布局，坚持和加强党的全面领导，充分发挥中国特色社会主义教育的育人优势，以立德树人为根本，以理想信念教育为核心，以社会主义核心价值观为引领，以全面提高人才培养能力为关键，强化基础、突出重点、建立规范、落实责任，一体化构建内容完善、标准健全、运行科学、保障有力、成效显著的高校思想政治工作质量体系，形成全员全过程全方位育人格局，切实提高工作亲和力和针对性，着力培养德智体美全面发展的社会主义建设者和接班人，着力培养担当民族复兴大任的时代新人，不断开创新时代高校思想政治工作新局面。

2. 基本原则。（1）坚持育人导向，突出价值引领。全面统筹办学治校各领域、教育教学各环节、人才培养各方面的育人资源和育人力量，推动知识传授、能力培养与理想信念、价值理念、道德观念的教育有机结合，建立健全系统化育人长效机制。(2) 坚持遵循规律，勇于改革创新。遵循思想政治工作规律、教书育人规律和学生成长规律，坚持以师生为中心，把握师生思想特点和发展需求，优化内容供给、改进工作方法、创新工作载体，激活高校思想政治工作内生动力。(3) 坚持问题导向，注重精准施策。聚焦重点任务、重点群体、重点领域、重点区域、薄弱环节，强化优势、补齐短板，加强分类指导、着力因材施教，着力破解高校思想政治工作领域存在的不平衡不充分问题，不断提高师生的获得感。(4) 坚持协同联动，强化责任落实。加强党对高校思想政治工作的领导，落实主体责任，建立党委统一领导、部门分工负责、全员协同参与的责任体系。加强督导考核，严肃追责问责，把“软指标”变成“硬约束”。

二、基本任务

充分发挥课程、科研、实践、文化、网络、心理、管理、服务、资助、组织等方面工作的育人功能，挖掘育人要素，完善育人机制，优化评价激励，强化实施保障，切实构建“十大”育人体系。

1. 课程育人质量提升体系。大力推动以“课程思政”为目标的课堂教学改革，优化课程设置，修订专业教材，完善教学设计，加强教学管理，梳理各门专业课程所蕴含的思想政治教育元素和所承载的思想政治教育功能，融入课堂教学各环节，实现思想政治教育与知识体系教育的有机统一。

2. 科研育人质量提升体系。发挥科研育人功能，优化科研环节和程序，完善科研评价标准，改进学术评价方法，促进成果转化应用，引导师生树立正确的政治方向、价值取向、学术导向，培养师生至诚报国的理想追求、敢为人先的科学精神、开拓创新的进取意识和严谨求实的科研作风。

3. 实践育人质量提升体系。坚持理论教育与实践养成相结合，整合各类实践资源，强化项目管理，丰富实践内容，创新实践形式，拓展实践平台，完善支持机制，教育引导师生在亲身参与中增强实践能力、树立家国情怀。

4. 文化育人质量提升体系。注重以文化人以文育人，深入开展中华优秀传统文化、革命文化、社会主义先进文化教育，推动中国特色社会主义文化繁荣兴盛，牢牢掌握高校意识形态工作领导权，践行和弘扬社会主义核心价值观，优化校风学风，繁荣校园文化，培育大学精神，建设优美环境，滋养师生心灵、涵育师生品行、引领社会风尚。

5. 网络育人质量提升体系。大力推进网络教育，加强校园网络文化建设与管理，拓展网络平台，丰富网络内容，建强网络队伍，净化网络空间，优化成果评价，推动思想政治工作传统优势同信息技术高度融合，引导师生强化网络意识，树立网络思维，提升网络文明素养，创作网络文化产品，传播主旋律、弘扬正能量，守护好网络精神家园。

6. 心理育人质量提升体系。坚持育心与育德相结合，加强人文关怀和心理疏导，深入构建教育教学、实践活动、咨询服务、预防干预、平台保障“五位一体”的心理健康教育工作格局，着力培育师生理性平和、积极向上的健康心态，促进师生心理健康素质与思想道德素质、科学文化素质协调发展。

7. 管理育人质量提升体系。把规范管理的严格要求和春风化雨、润物无声的教育方式结合起来，加强教育立法，遵守大学章程，完善校规校纪，健全自律公约，加强法治教育，全面推进依法治教，促进教育治理能力和治理体系现代化，强化科学管理对道德涵育的保障功能，大力营造治理有方、管理到位、风清气正的育人环境。

8. 服务育人质量提升体系。把解决实际问题与解决思想问题结合起来，围绕师生、关照师生、服务师生，把握师生成长发展需要，提供靶向服务，增强供给能力，积极帮助解决师生工作学习中的合理诉求，在关心人、帮助人、服务人中教育人、引导人。

9. 资助育人质量提升体系。把“扶困”与“扶智”，“扶困”与“扶志”结合起来，建立国家资助、学校奖助、社会捐助、学生自助“四位一体”的发展型资助体系，构建物质帮助、道德浸润、能力拓展、精神激励有效融合的资助育人长效机制，实现无偿资助与有偿资助、显性资助与隐性资助的有机融合，形成“解困—育人—成才—回馈”的良性循环，着力培养受助学生自立自强、诚实守信、知恩感恩、勇于担当的良好品质。

10. 组织育人质量提升体系。把组织建设与教育引领结合起来，强化高校各类组织的育人职责，增强工作活力、促进工作创新、扩大工作覆盖、提高辐射能力，发挥高校党委领导核心作用、院（系）党组织政治核心作用和基层党支部战斗堡垒作用，发挥工会、共青团、学生会、学生社团等组织的联系服务、团结凝聚师生的桥梁纽带作用，把思想政治教育贯穿各项工作和活动，促进师生全面发展。

三、主要内容

1. 统筹推进课程育人。深入推动习近平新时代中国特色社会主义思想进教材、进课堂、进头脑。完善课程设置管理、课程标准和教案评价制度，实施高校课程体系和教育教学创新计划，推动面向全体学生开设提高思想品德、人文素养、认知能力的哲学社会科学课程，创新高校思想政治理论课建设体系。修订各类专业教材，加强课堂教学设计，推进马克思主义理论研究和建设工程教材、思想政治理论课统编教材编写修订，研制课程育人指导意见，充分挖掘和运用各门课程蕴含的思想政治教育元素，作为教材讲义必要章节、课堂讲授重要内容和学生考核关键知识。发挥专业教师课程育人的主体作用，健全课程育人管理、运行体制，将课程育人作为教师思想政治工作的重要环节，作为教学督导和教师绩效考核的重要方面。加强教材使用和课堂教学管理，建立哲学社会科学专业核心课程教材目录，研制引进教材选用管理办法，建立国家优秀教材评选奖励制度，制定高校课堂教学管理指导意见，明确课堂教学的纪律要求。培育选树一批“学科育人示范课程”，建立一批“课程思政研究中心”。

2. 着力加强科研育人。改进科研环节和程序，把思想价值引领贯穿选题设计、科研立项、项目研究、成果运用全过程，把思想政治表现作为组建科研团队的底线要求。完善科研评价标准，改进学术评价方法，健全具有中国特色的学术评价标准和科研成果评价办法，构建集教育、预防、监督、惩治于一体的学术诚信体系，治理遏制学术研究、科研成果不良倾向，组织编写师生学术规范与学术道德读本，在本科生中开设相关专题讲座，在研究生中开设相应公选课程。健全优秀成果评选推广机制，服务国家和区域经济发展，促进全社会思想文化建设。培养师生科学精神和创新意识，实施科研创新团队培育支持计划、科教协同育人计划、产学研合作协同育人计划等项目，引导师生积极参与科技创新团队和科研创新训练，及时掌握科技前沿动态，培养集体攻关、联合攻坚的团队精神和协作意识。加大学术名家、优秀学术团队先进事迹的宣传教育力度。大力培育全国高校黄大年式教师团队，培养选树一批科研育人示范项目、示范团队。

3. 扎实推动实践育人。整合实践资源，拓展实践平台，依托高新技术开发区、大学科技园、城市社区、农村乡镇、工矿企业、爱国主义教育场所等，建立多种形式的社会实践、创业实习基地。丰富实践内容，创新实践形式，广泛开展社会调查、生产劳动、社会公益、志愿服务、科技发明、勤工助学等社会实践活动，深入开展好大学生暑期“三下乡”“志愿服务西部计划”等传统经典项目，组织实施好“牢记时代使命，书写人生华章”“百万师生追寻习近平总书记成长足迹”“百万师生重走复兴之路”“百万师生‘一带一路’社会实践专项行动”等新时代社会实践精品项目，探索开展师生志愿服务评价认证。深入推进实践教学改革，分类制订实践教学标准，适度增加实践教学比重，原则上哲学社会科学类专业实践教学不少于总学分（学时）的15%，理工农医类专业不少于25%。加强创新创业教育，开发专门课程，健全课程体系，实施“大学生创新创业训练计划”，支持学生成立创新创业类社团。完善支持机制，推动专业课实践教学、社会实践活动、创新创业教育、志愿服务、军事训练等载体有机融合，形成实践育人统筹推进工作格局，构建“党委统筹部署、政府扎实推动、社会广泛参与、高校着力实施”的实践育人协同体系。培育建设一批实践育人与创新创业示范基地。

4. 深入推进文化育人。推进中华优秀传统文化教育，实施“中华经典诵读工程”“中国传统节日振兴工程”，开展“礼敬中华优秀传统文化”“戏曲进校园”等文化建设活动，展示一批体育艺术文化成果，建设一批文化传承基地，引导高雅艺术、非物质文化、民族民间优秀文化走近师生。挖掘革命文化的育人内涵，实施“革命文化教育资源库建设工程”，开展“传承红色基因、担当复兴重任”主题教育活动，组织编排展演一批以革命先驱为原型的舞台剧、以革命精神为主题的歌舞音乐、以革命文化为内涵的网络作品；有效利用重大纪念日契机和重点文化基础设施开展革命文化教育。开展社会主义先进文化教育，开展高校师生社会主义核心价值观主题教育活动，推广展示一批社会主义核心价值观教育典型案例，选树宣传一批践行社会主义核心价值观先进典型。大力繁荣校园文化，创新校园文化品牌，挖掘校史校风校训校歌的教育作用，推进“一校一品”校园文化建设，引导高校建设特色校园文化；实施“高校原创文化经典推广行动计划”，支持师生原创歌剧、舞蹈、音乐、影视等文艺精品扩大影响力和辐射力；广泛开展“我的中国梦”等主题教育活动，推选展示一批高校校园文化建设优秀成果。建设美丽校园，制作发布高校优秀人文景观、自然景观名录，推动实现校园山、水、园、林、路、馆建设达到使用、审美、教育功能的和谐统一。广泛开展文明校园创建，评选“全国文明校园”，把高校建设成为社会主义精神文明高地。

5. 创新推动网络育人。加强工作统筹，建设高校思想政治工作网，打造信息发布、工作交流和数据分析平台，加强高校思想政治工作信息管理系统共建与资源互享。强化网络意识，提高建网用网管网能力，加强师生网络素养教育，编制《高校师生网络素养指南》，引导师生增强网络安全意识，遵守网络行为规范，养成文明网络生活方式。拓展网络平台，发挥全国高校校园网站联盟作用，推动“易班”和中国大学生在线全国共建，推选展示一批校园网络名站名栏，引领建设校园网络新媒体矩阵。丰富网络内容，开展“大学生网络文化节”“高校网络育人优秀作品推选展示”“网络文明进校园”等网络文化建设活动，推广展示一批“网络名篇名作”。优化成果评价，建设“高校网络文化研究评价中心”，建立网络文化成果评价认证体系，推动将优秀网络文化成果纳入高校科研成果统计、列为教师职务职称评聘条件、作为师生评奖评优依据。培养网络力量，实施“网络教育名师培育支持计划”“校园好网民培养选树计划”，建设一支政治强、业务精、作风硬的网络工作队伍。

6. 大力促进心理育人。加强知识教育，把心理健康教育课程纳入学校整体教学计划，组织编写大学生心理健康教育示范教材，开发建设《大学生心理健康》等在线课程，实现心理健康知识教育全覆盖。开展宣传活动，举办“5·25”大学生心理健康节等品牌活动，充分利用网络、广播、微信公众号、APP 等媒体，营造心理健康教育良好氛围，提高师生心理保健能力。强化咨询服务，提高心理健康教育咨询与服务中心建设水平，按照师生比不低于 1 ∶ 4000 配备心理健康教育专业教师，每校至少配备 2 名专业教师。加强预防干预，推广应用《中国大学生心理健康筛查量表》“中国大学生心理健康网络测评系统”，提高心理健康素质测评覆盖面和科学性；建立学校、院系、班级、宿舍“四级”预警防控体系，完善心理危机干预工作预案，建立转介诊疗机制，提升工作前瞻性、针对性。完善工作保障，研制高校师生心理健康教育指导意见，保证生均经费投入和心理咨询辅导专用场地面积，建设校内外心理健康教育素质拓展培养基地，培育建设一批“高校心理健康教育示范中心”。

7. 切实强化管理育人。完善教育法律法规体系，加快制（修）订教育规章，保障师生员工合法权益。健全依法治校、管理育人制度体系，结合大学章程、校规校纪、自律公约修订完善，研究梳理高校各管理岗位的育人元素，编制岗位说明书，明确管理育人的内容和路径，丰富完善不同岗位、不同群体公约体系，引导师生培育自觉、强化自律。加强干部队伍管理，按照社会主义政治家、教育家要求和好干部标准，选好配强各级领导干部和领导班子，制定管理干部培训五年规划，提高各类管理干部育人能力。加强教师队伍管理，严把教师聘用、人才引进政治考核关，依法依规加大对各类违反师德和学术不端行为查处力度，及时纠正不良倾向和问题。加强经费使用管理，科学编制经费预算，确保教育经费投入的育人导向。强化保障功能，健全依法治校评价指标体系，深入开展依法治校创建活动。把育人功能发挥纳入管理岗位考核评价范围，作为评奖评优条件。培育一批“管理育人示范岗”，引导管理干部用良好的管理模式和管理行为影响和培养学生。

8. 不断深化服务育人。强化育人要求，研究梳理各类服务岗位所承载的育人功能，并作为工作的职责要求，体现在聘用、培训、考核等各环节。明确育人职能，在后勤保障服务中，持续开展“节粮节水节电”“节能宣传周”等主题教育活动，推动高校节约型校园建设建档，大力建设绿色校园，实施后勤员工素质提升计划，切实提高后勤保障水平和服务育人能力。在图书资料服务中，建设文献信息资源体系和服务体系，优化服务空间，注重用户体验，提高馆藏利用率和服务效率，开展信息素质教育，引导师生尊重和保护知识产权，维护信息安全。在医疗卫生服务中，制订健康教育教学计划，开展传染病预防、安全应急与急救等专题健康教育活动，培养师生公共卫生意识和卫生行为习惯。在安全保卫服务中，加强人防物防技防建设，全面开展安全教育，提高安保效能，培养师生安全意识和法制观念。增强供给能力，建设校园综合信息服务系统，充分满足师生学习、生活、工作中的合理需求。加强监督考核，落实服务目标责任制，把服务质量和育人效果作为评价服务岗位效能的依据和标准。选树一批服务育人先进典型模范，培育一批高校“服务育人示范岗”。

9. 全面推进资助育人。加强资助工作顶层设计，建立资助管理规范，完善勤工助学管理办法，构建资助对象、资助标准、资金分配、资金发放协调联动的精准资助工作体系。精准认定家庭经济困难学生，健全四级资助认定工作机制，采用家访、大数据分析和谈心谈话等方式，合理确定认定标准，建立家庭经济困难学生档案，实施动态管理。坚持资助育人导向，在奖学金评选发放环节，全面考察学生的学习成绩、创新发展、社会实践及道德品质等方面的综合表现，培养学生奋斗精神和感恩意识。在国家助学金申请发放环节，深入开展励志教育和感恩教育，培养学生爱党爱国爱社会主义意识。在国家助学贷款办理过程中，深入开展诚信教育和金融常识教育，培养学生法律意识、风险防范意识和契约精神。在勤工助学活动开展环节，着力培养学生自强不息、创新创业的进取精神。在基层就业、应征入伍学费补偿贷款代偿等工作环节中，培育学生树立正确的成才观和就业观。创新资助育人形式，实施“发展型资助的育人行动计划”“家庭经济困难学生能力素养培育计划”，开展“助学·筑梦·铸人”“诚信校园行”等主题教育活动，组织国家奖学金获奖学生担任“学生资助宣传大使”。培育建设一批“发展型资助的育人示范项目”，推选展示资助育人优秀案例和先进人物。

10. 积极优化组织育人。发挥各级党组织的育人保障功能，进一步理顺高校党委的领导体制机制，明确高校党委职责和决策机制，健全和完善高校党委领导下的校长负责制，推动学校各级党组织自觉担负起管党治党、办学治校、育人育才的主体责任。启动实施高校党建工作评估，全面推开校、院（系）党组织书记抓基层党建述职评议。实施教师党支部书记“双带头人”培育工程，分中央和地方两级开展示范培训。实施“高校基层党建对标争先计划”，开展“不忘初心、牢记使命”主题教育，遴选培育全国百个院（系）党建工作标杆，培育建设一批先进基层党组织，培养选树一批优秀共产党员、优秀党务工作者，创建示范性网上党建园地，推选展示一批党的建设优秀工作案例。发挥各类群团组织的育人纽带功能，推动工会、共青团、学生会等群团组织创新组织动员、引领教育的载体与形式，更好地代表师生、团结师生、服务师生，支持各类师生社团开展主题鲜明、健康有益、丰富多彩的活动，充分发挥教研室、学术梯队、班级、宿舍在师生成长中的凝聚、引导、服务作用。培育建设一批文明社团、文明班级、文明宿舍。

四、实施保障

1. 强化改革驱动。推动“三全育人”综合改革，遴选部分工作基础较好的省（区、市）和高校作为“三全育人”综合改革试点。在省级层面，整合育人资源，统筹发挥校内外自然资源、红色资源、文化资源、体育资源、科技资源、国防资源和企事业单位资源的育人功能，带动支持在本地区打造“三全育人共同体”，形成学校、家庭和社会教育有机结合的协同育人机制。在学校层面，以《实施纲要》所涵盖的“十大育人体系”为基础，系统梳理归纳各个群体、各个岗位的育人元素，并作为职责要求和考核内容融入整体制度设计和具体操作环节，推动全体教职员工把工作的重音和目标落在育人成效上，切实打通“三全育人”的最后一公里，形成可转化、可推广的一体化育人制度和模式。

2. 搭建工作平台。建设高校思想政治工作创新发展中心，依托部分省（区、市）和高校建设一批理论和实践研究中心，推动开展党的建设、思想政治教育、意识形态工作、维护安全稳定等方面的理论创新和实践探索。建设省级高校网络思想政治工作中心，支持各省（区、市）建设本地区网络思想政治工作中心，推动各地整合网络建设管理资源，深入开展网络意识形态研判分析、网络舆情研究引导、师生思想政治状况调查、网络文化产品创作生产等工作，统筹推动“易班”和中国大学生在线全国共建共享。建设高校思想政治工作队伍培训研修中心，依托部分省（区、市）教育工作部门和高校建设队伍培训研修中心，以强化理论武装、提升政治引领为重点，组织开展线上线下培训、高级访问研修、学历学位教育、课程体系研发、思政文库建设等工作，不断提高培训研修的覆盖面和受益率，推动理论研究和实践探索成果转化应用。

3. 建强工作队伍。完善教师评聘和考核机制，把政治标准放在首位，严格教师资格和准入制度。在教师教学评价、职务（职称）评聘、评优奖励中，把思想政治表现和育人功能发挥作为首要指标，引导广大教师不忘立德树人初心，牢记人才培养使命，将更多精力投入到教书育人工作上。加强专门力量建设，推动中央关于高校思想政治工作队伍和党务工作队伍建设的政策要求和量化指标落地。大力培育领军人才，在“长江学者奖励计划”中，加大对思想政治教育相关领域高层次人才倾斜支持力度。加大培养培训力度，开展高校思想政治工作队伍国家示范培训，遴选骨干队伍参加海内外访学研修、在攻读博士学位。强化项目支持引领，实施“高校思想政治工作中青年杰出人才支持计划”，支持出版理论和实践研究专著，培育一批高校思想政治工作精品项目，建设一批高校思想政治工作名师工作室。

4. 强化组织保障。成立高校思想政治工作委员会，加强工作统筹、决策咨询和评估督导。设立高校思想政治工作经费专项，保证《实施纲要》各项目顺利实施。健全高校思想政治工作质量评价机制，研究制定高校思想政治工作评价指标体系，创新评价方式，探索引进第三方评价机构。强化高校思想政治工作督导考核，把加强和改进高校思想政治工作纳入高校巡视、“双一流”建设、教学科研评估范围，作为各级党组织和党员干部工作考核的重要内容。各地各高校结合实际，将《实施纲要》实施纳入整体发展规划和年度工作计划，明确路线图、时间表、责任人。

（中华人民共和国教育部，2017 年 12 月 4 日）

关于深化新时代学校思想政治理论课改革创新的若干意见

为深入贯彻落实习近平新时代中国特色社会主义思想和党的十九大精神，贯彻落实习近平总书记关于教育的重要论述，特别是在学校思想政治理论课教师座谈会上的重要讲话精神，全面贯彻党的教育方针，解决好培养什么人、怎样培养人、为谁培养人这个根本问题，坚持不懈用习近平新时代中国特色社会主义思想铸魂育人，现就深化新时代学校思想政治理论课（以下简称思政课）改革创新提出如下意见。

一、重要意义和总体要求

1. 重要意义。教育是国之大计、党之大计，承担着立德树人的根本任务。思政课是落实立德树人根本任务的关键课程，发挥着不可替代的作用。党的十八大以来，以习近平同志为核心的党中央高度重视思政课建设，作出一系列重大决策部署，各地区各部门和各级各类学校采取有力措施认真贯彻落实，思政课建设取得显著成效。同时也要看到，面对新形势新任务新挑战，有的地方和学校对思政课重要性认识还不够到位，课堂教学效果还需提升，教材内容不够鲜活，教师选配和培养工作存在短板，体制机制有待完善，评价和支持体系有待健全，大中小学思政课一体化建设需要深化，民办学校、中外合作办学思政课建设相对薄弱，各类课程同思政课建设的协同效应有待增强，学校、家庭、社会协同推动思政课建设的合力没有完全形成，全党全社会关心支持思政课建设的氛围不够浓厚。办好思政课，要放在世界百年未有之大变局、党和国家事业发展全局中来看待，要从坚持和发展中国特色社会主义、建设社会主义现代化强国、实现中华民族伟大复兴的高度来对待。思政课建设只能加强、不能削弱，必须切实增强办好思政课的信心，全面提高思政课质量和水平。

2. 指导思想。全面贯彻党的教育方针，坚持马克思主义指导地位，贯彻落实习近平新时代中国特色社会主义思想，坚持社会主义办学方向，落实立德树人根本任务，坚持教育为人民服务、为中国共产党治国理政服务、为巩固和发展中国特色社会主义制度服务、为改革开放和社会主义现代化建设服务，扎根中国大地办教育，同生产劳动和社会实践相结合，加快推进教育现代化、建设教育强国、办好人民满意的教育，努力培养担当民族复兴大任的时代新人，培养德智体美劳全面发展的社会主义建设者和接班人。

3. 基本原则。一是坚持党对思政课建设的全面领导，把加强和改进思政课建设摆在突出位置。二是坚持思政课建设与党的创新理论武装同步推进，全面推动习近平新时代中国特色社会主义思想进教材进课堂进学生头脑，把社会主义核心价值观贯穿国民教育全过程。三是坚持守正和创新相统一，落实新时代思政课改革创新要求，不断增强思政课的思想性、理论性和亲和力、针对性。四是坚持思政课在课程体系中的政治引领和价值引领作用，统筹大中小学思政课一体化建设，推动各类课程与思政课建设形成协同效应。五是坚持培养高素质专业化思政课教师队伍，积极为这支队伍成长发展搭建平台、创造条件。六是坚持问题导向和目标导向相结合，注重推动思政课建设内涵式发展，全面提升学生思想政治理论素养，实现知、情、意、行的统一。

二、完善思政课课程教材体系

4. 整体规划思政课课程目标。在大中小学循序渐进、螺旋上升地开设思政课，引导学生立德成人、立志成才，树立正确世界观、人生观、价值观，坚定对马克思主义的信仰，坚定对社会主义和共产主义的信念，增强中国特色社会主义道路自信、理论自信、制度自信、文化自信，厚植爱国主义情怀，把爱国情、强国志、报国行自觉融入坚持和发展中国特色社会主义事业、建设社会主义现代化强国、实现中华民族伟大复兴的奋斗之中。大学阶段重在增强使命担当，引导学生矢志不渝听党话跟党走，争做社会主义合格建设者和可靠接班人。高中阶段重在提升政治素养，引导学生衷心拥护党的领导和我国社会主义制度，形成做社会主义建设者和接班人的政治认同。初中阶段重在打牢思想基础，引导学生把党、祖国、人民装在心中，强化做社会主义建设者和接班人的思想意识。小学阶段重在启蒙道德情感，引导学生形成爱党、爱国、爱社会主义、爱人民、爱集体的情感，具有做社会主义建设者和接班人的美好愿望。

5. 调整创新思政课课程体系。加强以习近平新时代中国特色社会主义思想为核心内容的思政课课程群建设。在保持思政课必修课程设置相对稳定基础上，结合大中小学各学段特点构建形成必修课加选修课的课程体系。全国重点马克思主义学院率先全面开设“习近平新时代中国特色社会主义思想概论”课。博士阶段开设“中国马克思主义与当代”，硕士阶段开设“中国特色社会主义理论与实践研究”，本科阶段开设“马克思主义基本原理概论”、“毛泽东思想和中国特色社会主义理论体系概论”、“中国近现代史纲要”、“思想道德修养与法律基础”、“形势与政策”,专科阶段开设“毛泽东思想和中国特色社会主义理论体系概论”、“思想道德修养与法律基础”、“形势与政策”等必修课。各高校要重点围绕习近平新时代中国特色社会主义思想，党史、国史、改革开放史、社会主义发展史，宪法法律，中华优秀传统文化等设定课程模块，开设系列选择性必修课程。高中阶段开设“思想政治”必修课程，围绕学习习近平总书记最新重要讲话精神开设“思想政治”选择性必修课程。初中、小学阶段开设“道德与法治”必修课程，可结合校本课程、兴趣班开设思政类选修课程。

6. 统筹推进思政课课程内容建设。坚持用习近平新时代中国特色社会主义思想铸魂育人，以政治认同、家国情怀、道德修养、法治意识、文化素养为重点，以爱党、爱国、爱社会主义、爱人民、爱集体为主线，坚持爱国和爱党爱社会主义相统一，系统开展马克思主义理论教育，系统进行中国特色社会主义和中国梦教育、社会主义核心价值观教育、法治教育、劳动教育、心理健康教育、中华优秀传统文化教育。遵循学生认知规律设计课程内容，体现不同学段特点，研究生阶段重在开展探究性学习，本专科阶段重在开展理论性学习，高中阶段重在开展常识性学习，初中阶段重在开展体验性学习，小学阶段重在开展启蒙性学习。

7. 加强思政课教材体系建设。国家教材委员会统筹大中小学思政课教材建设，科学制定教材建设规划，注重提升思政课教材的政治性、时代性、科学性、可读性。国家统一开设的大中小学思政课教材全部由国家教材委员会组织统编统审统用，在教材中及时融入马克思主义中国化最新成果、坚持和发展中国特色社会主义最新经验、马克思主义理论学科最新研究进展。地方或学校开设的思政课选修课教材，由各地负责组织审定。研究编制习近平新时代中国特色社会主义思想进课程教材指导纲要，研究编制中华优秀传统文化、革命文化、社会主义先进文化、科技创新文化及总体国家安全观等进课程教材指南，编制中华民族古代历史和革命建设改革时期英雄人物、先进模范进课程教材图谱，分课程组织编写高校思政课专题教学指南，组织专家编写深度解读教材体系的示范教案，实施思政课优秀讲义出版工程，开列马克思主义经典著作、当代中国马克思主义理论著作、中华优秀传统文化典籍书单，建设思政课网络教学资源库。

三、建设一支政治强、情怀深、思维新、视野广、自律严、人格正的思政课教师队伍

8. 加快壮大学校思政课教师队伍。各地在核定编制时要充分考虑思政课教师配备要求。高校要严格按照师生比不低于 1 ∶ 350 的比例核定专职思政课教师岗位，在编制内配足，且不得挪作他用，并尽快配备到位。制定关于加强新时代中小学思政课教师队伍建设的意见，加强中小学专职思政课教师配备。各地要统筹解决好思政课教师缺口问题。各高校可在与思政课教学内容相关的学科选择优秀教师进行培训后充实思政课教师队伍，可探索胜任思政课教学的党政管理干部转岗为专职思政课教师机制和办法，积极推动符合条件的辅导员参与思政课教学。高校要积极动员政治素质过硬的相关学科专家转任思政课教师。采取兼职的办法遴选相关单位的骨干支援高校思政课建设。各地应对民办学校指派思政课教师或组建专门讲师团。制定新时代高校思政课教师队伍建设规定。

9. 切实提高思政课教师综合素质。以培育一大批优秀马克思主义理论教育家为目标，制定思政课教师队伍培养培训规划，在中央党校（国家行政学院）及地方党校（行政学院）面向思政课教师举办学习习近平新时代中国特色社会主义思想专题研修班，办好“周末理论大讲堂”、骨干教师研修班，实施好思政课教师在职攻读马克思主义理论博士学位专项计划。建强高校思政课教师研修基地，依托首批全国重点马克思主义学院所在高校重点开展理论研修，依托高水平师范类院校重点开展教学研修，全面提升每一位思政课教师的理论功底、知识素养。建立一批“新时代高校思想政治理论课教师研学基地”，组织思政课教师在国内考察调研，在深入了解党和人民伟大实践中汲取养分、丰富思想。组织思政课骨干教师赴国外调研，拓宽国际视野，在比较分析中坚定“四个自信”。完善国家、省（自治区、直辖市）、学校三级培训体系。本科院校按在校生总数每生每年不低于 40 元，专科院校按每生每年不低于 30 元的标准提取专项经费，用于思政课教师的学术交流、实践研修等，并逐步加大支持力度。中央和地方主流媒体的政论、时政节目要积极推出优秀思政课教师传播理论成果，展示综合素质，增强社会影响力。

10. 切实改革思政课教师评价机制。严把政治关、师德关、业务关，明确与思政课教师教学科研特点相匹配的评价标准，进一步提高评价中教学和教学研究占比。各高校在专业技术职务（职称）评聘工作中，要单独设立马克思主义理论类别，校级专业技术职务（职称）评聘委员会要有同比例的马克思主义理论学科专家。按教师比例核定思政课教师专业技术职务（职称）各类岗位占比，高级专业技术职务（职称）岗位比例不低于学校平均水平，指标不得挪作他用。要将思政课教师在中央和地方主要媒体上发表的理论文章纳入学术成果范畴。实行不合格思政课教师退出机制。

11. 加大思政课教师激励力度。增强教师的职业认同感、荣誉感、责任感，把思政课教师和辅导员中的优秀分子纳入各类高层次人才项目，在“万人计划”、“长江学者奖励计划”、“四个一批”等人才项目中加大倾斜支持力度。各地要因地制宜设立思政课教师和辅导员岗位津贴，纳入绩效工资管理，相应核增学校绩效工资总量。要把思政课教师作为学校干部队伍重要来源，学校党政管理干部原则上应有思政课教师、辅导员或班主任工作经历。党和国家设立的荣誉称号要注重表彰优秀思政课教师，教育部门要大力推选思政课教师年度影响力人物等先进典型。对立场坚定、学养深厚、联系实际、成果突出的思政课教师优秀代表加大宣传力度，发挥示范引领作用。

12. 大力加强思政课教师队伍后备人才培养工作。注重选拔培养高素质人才从事马克思主义理论学习研究和教育教学，统筹推进马克思主义理论学科本硕博一体化人才培养，构建完善马克思主义理论学科本硕博学科体系和课程体系。全国重点马克思主义学院通过提前批次录取或综合考核招生等方式招收马克思主义理论专业本科生，给予推免政策倾斜鼓励优秀马克思主义理论专业本科生攻读硕士学位，采取硕博连读或直接攻读博士学位的方式加强培养。深入实施“高校思想政治理论课教师队伍后备人才培养专项支持计划”，专门招收马克思主义理论学科研究生，并逐步按需增加招生培养指标。加强思政课教师队伍后备人才思想政治工作，加大发展党员力度，提高党员发展质量。

四、不断增强思政课的思想性、理论性和亲和力、针对性

13. 加大思想性、理论性资源供给。进一步建强马克思主义理论学

科，进入世界一流大学建设的高校应将马克思主义理论学科设为重点建设学科，为思政课建设提供坚实学科支撑。深入研究坚持和发展中国特色社会主义的重大理论和实践问题，为增强思政课的思想性、理论性提供多角度学术支持。充分发挥马克思主义理论学科的领航作用，大力推进中国特色社会主义学科体系建设。根据需求逐步增加马克思主义理论学科博士学位授权点，支持有关高校联合申报马克思主义理论学科博士学位授权点。组织思政课教师及时学习习近平总书记最新重要讲话精神，及时学习相关文件精神，全面理解和准确把握党中央重大决策部署。

14. 加大思政课教研工作力度。建立健全大中小学思政课教师一体化备课机制，普遍实行思政课教师集体备课制度，全面提升教研水平。遴选学科带头人担任各门课集体备课牵头人，学校领导干部要积极支持和主动参与。建立思政课教师“手拉手”备课机制，发挥思政课建设强校和高水平思政课专家示范带动作用。加强“全国高校思想政治理论课教师网络集体备课平台”建设，完善思政课教师网络备课服务支撑系统。建立纵向跨学段、横向跨学科的交流研修机制，深入开展相邻学段思政课教师教学交流研讨。推动建立思政课教师与其他学科专业教师交流机制。大力推进思政课教学方法改革，提升思政课教师信息化能力素养，推动人工智能等现代信息技术在思政课教学中应用，建设一批国家级虚拟仿真思政课体验教学中心。

15. 切实加强思政课课题研究和成果交流。国家社科基金规划项目、教育部人文社科研究项目等设立思政课教师研究专项，开展思政课教学重点难点问题和教学方法改革创新等研究，逐步加大对相关课题研究的支持力度。各地要参照设立相关项目并给予经费投入。加强马克思主义理论教学科研成果学术阵地建设，首批重点建设10家学术期刊和若干学术网站，支持新创办一定数量的思政课研究学术期刊。制定思政课教师发表文章的重点报刊目录，将《人民日报》、《求是》、《解放军报》、《光明日报》、《经济日报》等中央媒体及地方党报党刊列入其中。委托高校马克思主义学院分片建立高校思政课教学创新中心，设立一批思政课教学质量监测基地。在国家级教学成果奖中单列思政课专项，每2年开展1次全国思政课教学展示活动，定期开展优秀思政课示范课巡讲活动。打造一批思政课国家精品在线开放课程，探索建设融媒体思政公开课，推动优质教学资源共享。

16. 全面提升高校马克思主义学院建设水平。强化“马院姓马、在马言马”的鲜明导向，把思政课教学作为高校马克思主义学院基本职责，将马克思主义学院作为重点学院、马克思主义理论学科作为重点学科、思政课作为重点课程加强建设，在发展规划、人才引进、公共资源使用等方面给予马克思主义学院优先保障。建好建强一批全国重点马克思主义学院和示范性马克思主义学院，依托有条件的高校马克思主义学院建设一批习近平新时代中国特色社会主义思想研究院。建立和完善马克思主义理论学科体系，实施马克思主义理论学科领航工程，在马克思主义理论学习研究宣传上发挥引领带动作用。全面推动各地宣传、教育等部门共建所在地区高校马克思主义学院。实施马克思主义学院院长培养工程，加强马克思主义学院领导班子建设。

17. 整体推进高校课程思政和中小学学科德育。深度挖掘高校各学科门类专业课程和中小学语文、历史、地理、体育、艺术等所有课程蕴含的思想政治教育资源，解决好各类课程与思政课相互配合的问题，发挥所有课程育人功能，构建全面覆盖、类型丰富、层次递进、相互支撑的课程体系，使各类课程与思政课同向同行，形成协同效应。建成一批课程思政示范高校，推出一批课程思政示范课程，选树一批课程思政教学名师和团队，建设一批高校课程思政教学研究示范中心。

五、加强党对思政课建设的领导

18. 严格落实地方党委思政课建设主体责任。地方各级党委要把思政课建设作为党的建设和意识形态工作的标志性工程摆上重要议程，党委常委会每年至少召开 1 次专题会议研究思政课建设，抓住制约思政课建设的突出问题，在工作格局、队伍建设、支持保障等方面采取有效措施。建立和完善省（自治区、直辖市）党委领导班子成员联系高校和讲思政课特别是“形势与政策”课制度，各省（自治区、直辖市）党委和政府主要负责同志每学期结合学习和工作至少讲 1 次课。各地要把民办学校、中外合作办学院校纳入思政课建设整体布局。思政课建设情况纳入各级党委领导班子考核和政治巡视。

19. 推动建立高校党委书记、校长带头抓思政课机制。加强和改进高校领导干部深入基层联系学生工作，推动高校领导干部兼任班主任等工作，建立健全高校党委书记、校长及职能部门力量深入一线了解学生思想动态、服务学生发展的制度性安排。高校党委书记、校长作为思政课建设第一责任人，要结合自身学科背景和工作经历，带头走进课堂听课讲课，带头推动思政课建设，带头联系思政课教师。高校党委常委会每学期至少召开 1 次会议专题研究思政课建设，高校党委书记、校长每学期至少给学生讲授 4 个课时思政课，高校领导班子其他成员每学期至少给学生讲授 2 个课时思政课，可重点讲授“形势与政策”课。开学典礼、毕业典礼讲话等要鲜明体现党的教育方针、积极传播马克思主义科学理论、弘扬社会主义核心价值观。要把思政课建设情况纳入学校党的建设工作考核、办学质量和学科建设评估标准体系。

20. 积极拓展思政课建设格局。中央教育工作领导小组要把思政课建设纳入重要议事日程，教育部、中央宣传部等部门要牵头抓好思政课建设，中央军委政治工作部要指导抓好军队院校思政课建设。教育部成立大中小学思政课一体化建设指导委员会，加强对不同类型思政课建设分类指导。有关部门和各地要保证思政课管理人员配备，确保事有人干、责有人负。强化中考、高考、研究生招生考试对学生学习思政课的指挥棒作用，将思政课学习实践情况等作为重要内容纳入综合素质评价体系，探索记入本人档案，作为学生评奖评优重要标准，作为加入中国少年先锋队、中国共产主义青年团、中国共产党的重要参考。坚持开门办思政课，推动思政课实践教学与学生社会实践活动、志愿服务活动结合，思政小课堂和社会大课堂结合，鼓励党政机关、企事业单位等就近与高校对接，挂牌建立思政课实践教学基地，完善思政课实践教学机制。制定关于加快构建高校思想政治工作体系的意见，汇聚办好思政课合力。加大正面宣传和舆论引导力度，推动形成全党全社会努力办好思政课、教师认真讲好思政课、学生积极学好思政课的良好氛围。

（《人民日报》2019 年 8 月 15 日）

后 记

《新时代高校思想政治工作指导手册》由西华大学边慧敏教授、成都医学院余小平研究员审定，成都中医药大学向洪教授总策划，成都理工大学李向前副教授组稿统稿，各章撰稿分工如下：

第一至第四章由成都理工大学李向前副教授撰写；第五章、第六章由成都理工大学李维佳讲师撰写；第七章由贵阳学院向大泽副教授撰写；第八章由成都医学院余小平研究员撰写；第九章由西南科技大学向泽英讲师撰写。

在编写本书的过程中，我们参考了相关专家学者关于高校思想政治工作方面的部分内容，力图向广大读者呈现一部全面阐述如何做好新时代高校思想政治工作的权威作品。但是，这样一来，由于山水遥远，或联系方式的局限，未能跟上述某些作者或著作版权代理人一一取得联系，在此先行致谢，望其见书后，能与我们取得联系。

编　者

2019 年 8 月